国家骨干院校重点建设专业校企合作教材

Kehu Goutong yu Tousu Chuli
客户沟通与投诉处理

铁争鸣 主 编
张 锐 主 审

人民交通出版社

内 容 提 要

本书是高等职业院校汽车技术服务与营销专业、汽车评估与鉴定专业教材。书中主要内容包括语言沟通技巧、非语言沟通技巧、倾听技巧、客户投诉处理技巧、团队与沟通五个学习领域。

本书可供高职、中职汽车技术服务与营销专业、汽车评估与鉴定专业教学使用。

图书在版编目(CIP)数据

客户沟通与投诉处理 / 铁争鸣主编. —北京：人民交通出版社，2014.9

国家骨干院校重点建设专业校企合作教材

ISBN 978-7-114-11326-0

Ⅰ.①客… Ⅱ.①铁… Ⅲ.①汽车—车辆修理—商业服务—高等职业教育—教材 Ⅳ.①U472

中国版本图书馆 CIP 数据核字(2014)第 060358 号

国家骨干院校重点建设专业校企合作教材

书　　名：客户沟通与投诉处理

著 作 者：铁争鸣

责任编辑：袁明喜

出版发行：人民交通出版社

地　　址：(100011)北京市朝阳区安定门外外馆斜街 3 号

网　　址：http://www.ccpress.com.cn

销售电话：(010)59757973

总 经 销：人民交通出版社发行部

经　　销：各地新华书店

印　　刷：北京市密东印刷有限公司

开　　本：787×1092　1/16

印　　张：6.25

字　　数：156 千

版　　次：2014 年 9 月　第 1 版

印　　次：2014 年 9 月　第 1 次印刷

书　　号：ISBN 978-7-114-11326-0

定　　价：19.00 元

序

2010年青海交通职业技术学院跻身于全国高职院校"百强"行列，成为西北地区唯一一所交通运输类国家骨干高职院校。汽车运用技术专业群是国家骨干高职院校重点建设项目之一。

本书基于汽车运用技术专业"厂校融通、项目引领、三段递进"312人才培养模式，结合现代职业教育理念，以一汽-大众汽车、北京现代汽车、丰田汽车、奇瑞汽车四种车系为基础，系统地、科学地将四种品牌汽车知识、新技术、操作规范及在专业中的应用技能进行了整合，引导学生在掌握基本的汽车理论基础后，结合实际的职业岗位能力要求，进行四种车系专项技能学习。

本书的内容是在企业调研的基础上，吸收高职高专课程体系改革的先进理念，结合专业特色进行整合的共享型资源，具有较强的指导性、应用性。

本书是在多年贯彻"工学结合、校企合作"人才培养模式的教学改革经验的基础上，以职业能力培养为目标，由企业技术人员和学校教师共同编写，体现了学校教学和企业实践的有机统一，传统工艺和现代技术的有机融合，并严格贯彻最新标准、规范、工艺和规程要求。编写过程中注重特定教学对象的认识能力和认知规律，采用图文结合的形式，力求直观明了，方便学生专业知识和职业能力的学习与提高，切实做到了理论够用、重在实践。

本书的主要特点是：

1. 从企业的需要出发，重塑教学目标

本书是从企业的需要及学生的职业发展出发，让学生通过品牌汽车专门化学习，能够切实找到自己的职业发展方向，能较好地适应未来企业的用人需要。

2. 从人才培养的目标出发，重整教学内容

汽车技术涉及的品牌、范围、层面、内容非常广泛，本书以丰田、一汽-大众、奇瑞和北京现代四种车系基本知识为基础，以面向高职学生的技能实务为主线，把握重点、落到实处。

在本书编写过程中，笔者参考了近5年来不同版本的本科、专科及中职相关教材、教学参考资料及相关车系4S店提供的信息资料，在此谨向各位参考文献的编写专家及提供信息资料的相关个人、部门表示衷心的感谢。

青海交通职业技术学院

国家骨干院校重点建设专业校企合作教材编审委员会

汽车运用技术专业建设委员会

2014年2月

前 言

随着我国汽车工业的迅速发展和汽车保有量的大幅度上升，劳动力市场急需大量高级汽车销售服务人才。为贯彻《国务院关于大力推进职业教育改革与发展的决定》以及教育部等六部委《关于实施职业院校制造业和现代服务业技能紧缺人才培养培训工程的通知》精神，根据劳动力市场技能型人才的紧缺状况和相关行业人力资源需求预测，编者根据我国高职高专教材改革的思路和教学基本要求，结合高职高专“高技能应用型人才”的培养目标，配合青海交通职业技术学院汽车技术服务与营销专业建设项目，充分考虑汽车专业学生的实际特点，立足于高职高专学生，重视理论与实践的结合，坚持以应用为目的，以必需、够用为度的原则，围绕培养高素质、高技能专门人才而编写本教材。在编写过程中基于职业典型工作任务进行课程内容的选择和组织，体现工学结合的本质特征——“学习的内容是工作，通过工作实现学习”，注重培养学生分析与解决问题的能力，增强学生实际沟通技巧的运用能力，强调课程教学与汽车技术服务与营销人员职业素养和职业资格证书的内容的有机结合，主要有以下特点：

(1)坚持以高职教育培养目标为依据，突出“强化应用、重点培养技能为教学重点”的原则；

(2)强调综合素质教育，以培养学生良好的社会适应能力为教学目标，为学生进入社会提前做好准备；

(3)采用行之有效的教学方法，注重发展学生的思维能力和应用能力。

本教材由青海交通职业技术学院铁争鸣担任主编并统稿，由青海交通职业技术学院张锐担任主审。本书编写分工：铁争鸣编写单元二，罗玉娟编写单元一，韩风编写单元三，王海峰编写单元四，王瑛编写单元五。

在编写本教材的过程中，编者参阅了相关书籍和论文文献，同时征求了许多汽车经营和销售企业的宝贵意见和建议，在此一并表示衷心的感谢。

由于水平有限，教材中难免有不妥之处，恳请广大读者批评指正。

编 者

2014年7月

目　　录

单元一　语言沟通技巧

任务一　人物语言沟通基础

学习目标

知识目标:知道生活随意型用语与专业型用语的区别;了解常用的标准服务用语。

能力目标:学会在服务工作中专业型语言的表达方式。

素质目标:注重“自信心、服务意识、细心观察、创新能力”的培养。

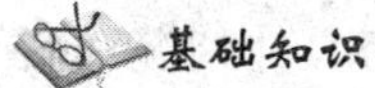
基础知识

一、语言沟通基础

1. 语言沟通的特点

语言沟通的特点,包括其动态性、复杂性、因果性和一致性。

2. 语言沟通的作用

语言沟通的作用为控制、指导、激励、决策和反馈。

3. 声音的五要素

声音的五要素,包括音准、音量、音色、语调和语速。

音准——字正腔圆,没有乡音或杂音。

音量——不能太响,也不能太轻,以客户感知度为准。

音色——声音要富有磁性和吸引力,让人喜欢听。

语调——要柔和,恰当把握轻重缓急、抑扬顿挫。

语速——不能太快,也不能太慢,让客户听清楚你在说什么。

4. 自信心的培养

自信心是一个好口才的人应具备的基本心理素质,自信是交谈成功的基石。它往往表现为在说话前情绪饱满、意气风发、精力旺盛;在说话中情绪镇定、神情自若、思维敏捷、言语流利,并能准确、恰当地表达自己的讲话内容,很好地掌握讲话技巧。

培养自信心有如下几个要点:

(1)养成昂首阔步走路的习惯,径直迎着别人去。

(2)养成微笑的习惯。

(3)习惯用幽默来处理反对意见。

(4)否定别人意见时,用毫不含糊的语调说“不”。

(5)在空旷无人的地方练习讲话。

(6)有可能时接触名人,分析他们的优点,也注意分析他们的弱点。

(7)交谈时,注意目光的交流,让他们感受你正视的眼睛。

二、标准的服务用语

(1)来电问候语:“您好! 这里是×××客服中心,我叫×××,很高兴为您服务。”

(2)致电问候语:“您好,请问您是×××先生/小姐吗? 这里是×××客服中心。”

(3)当已经了解客户姓名的时候,客服专员应在以下的通话过程中,用客户的姓加上“先生/小姐”,以保持礼貌回应称呼。

(4)若没有听清楚客户所述内容并要求客户配合重复时:“对不起,麻烦您将刚才反映的问题再复述一遍好吗?”

(5)提供的信息较长,需要客户记录相关内容时:“麻烦您记录一下,好吗?”

(6)遇到客户打错电话:“对不起,这里是×××客服中心,请您查证后再拨。”若有可能请根据客户的需求,引导客户拨打其他号码。

(7)和客户核对信息:“为了保障您的权益,现与您进行身份确认。请问您身份证后4位是多少?”

(8)遇到客户想直接拨打本公司内部其他部门电话时:“对不起,您能否将具体情况和联系电话告诉我,我会通知相关负责人与您联系?”

(9)遇到客户投诉热线难拨通、应答慢时(包括电话铃响三声后才接起):“开场语+对不起,刚才因为线路忙,让您久等了!”

(10)遇到客户责怪客服代表动作慢,不熟练:“对不起,让您久等了,我将尽快帮您处理。”

(11)遇到电脑操作界面反应较慢或进行相关资料查询时或需要客户等待时应先告知客户:“系统正在为您查询,请您稍候。”在得到客户的同意后按静音键,取消静音后:“谢谢您的耐心等待。”

(12)遇到设备故障不能操作时:“对不起,线路正在调整,请您留下联系方式,稍后回电给您。”

(13)遇到客户提出建议时:“谢谢您,您提出的宝贵建议,我们将及时反馈公司相关负责人员,再次感谢您对我们工作的关心和支持!”

(14)需请求客户谅解时:“对不起,请您原谅”或“对不起,很抱歉。”

(15)遇到客户向客服代表致歉时:“没关系,请不必介意。”

(16)遇到客户提出的要求无法做到时:“很抱歉,恐怕我不能帮助您”或“很抱歉,这超出了我们的服务范围,恐怕我不能帮助您。”

(17)遇到客户向客服专员表示感谢时:“请不必客气”或“不客气”;若客户进一步表扬:“请不必客气,这是我们应该做的”或“这是我们的工作职责,感谢您对我们工作的支持,随时欢迎您再来电。”

(18)遇到无法当场答复的客户咨询:“对不起,请您留下您的联系电话,我们查询后将尽快与您联系,好吗?”“谢谢您的合作,再见!”

(19)通话终了时,应询问客户是否还有其他方面的咨询:“请问还有什么可以帮助您?或您还有其他问题吗?”在确保客户没有其他方面的咨询后礼貌地说:“谢谢您对我们的关注和支持,如果您有任何疑问,欢迎您致电××××××××,祝您生活愉快,再见!”

三、语言沟通技巧

当与顾客交流时,您的语言应该从“生活随意型”转到“专业型”。您既要有个性化的表达沟通,又必须掌握许多有共性的表达方式与技巧。

1. 寒暄

1)寒暄的基本要求

(1)真诚:真诚的问候,对于沟通人与人的心理,有着重要的作用。

(2)鼓励:在寒暄的几句话中,给人以鼓舞和力量。

(3)幽默:在寒暄中加点幽默诙谐的成分,会加深别人对您的印象,对协调交际气氛很有帮助。

(4)赞美:如果您早上起来接听到几个诸如“您起得真早啊!”,“您身体真棒”的赞美式寒暄,就会感到这一天心情格外愉快。

寒暄要因人而异,不要对谁都是一个说法;要注意环境,在不同的环境,要有不同的寒暄语言;要注意适度,适可而止,过多的溢美之词只会给人以虚伪客套的感觉。

2)寒暄的态度和方式

发自内心所说出来的话,会有不同的声音(效果)。寒暄时,有如下7种态度和7种表达方式:

(1)“欢迎光临! 先生/小姐, 您好!”“×先生/小姐,如有任何疑问,欢迎随时与我们联络。”(表达热诚之心)

(2)“是的, 我了解。”(表达谦虚之心)

(3)“请稍候!”(表达体贴之心)

(4)“很抱歉!”(表达反省之心)

(5)“让我确认后,再向您报告。”(表达自信之心)

(6)“谢谢!”(表达感激之心)

(7)“谢谢光临!”“×先生/小姐,谢谢! 再见。”(表达诚挚之心)

2. 表达的技巧

1)选择积极的用词与方式

在保持一个积极的态度时,沟通用语也应当尽量选择体现正面意思的词。比如说,如果一个顾客就车辆的品质问题几次求救于您,您想表达您为顾客真正解决问题的期望,您不妨这样表达:“我这次有信心解决这个问题,决不会让它再发生”。如此是不是让顾客听起来更顺耳些呢。又比如,您想给顾客以信心,于是说“这并不比上次那个问题差”,按照我们上面的思路,您应当换一种说法:“这次比上次的情况好”,即使是顾客这次真的有些麻烦,您也不必说“您的问题确实严重”,换一种说法如:“这种情况有点不同往常”,这不更好吗。您现在可以体会出其中的差别了吧?

2)在顾客面前维护特约店的形象

在向顾客进行电话回访时,顾客抱怨他在特约店所受的待遇,您已经不止一次听到这类抱怨了。为了表示对顾客的理解,您应当说什么呢?“您说得不错,这个部门表现很差劲”,可以这样说吗? 适当的表达方式是“我完全理解您的苦衷”。有的顾客的要求特约店没法满足时,您可以这样表达:“对不起,我们暂时还没有解决方案,但我一定尽力而为”。尽量避免很不客气地手一摊(当然对方看不见):“我没办法”。

3)服务用语具体表达技巧

在顾客服务的语言表达中,应尽量避免使用负面语言。这一点非常关键。什么是负面语言?比如说,“我不能、我不会、我不愿意、我不可以”等。顾客不喜欢听到这些话,他只对解决问题感兴趣。那么,当你向顾客说出一些负面语言的时候,顾客就感到你不能帮助他。因此,顾客服务人员应该告诉顾客,能够做什么,而不是不能做什么,这样就可以创造积极的、正面的谈话氛围。那是不是说顾客说什么就是什么?也并不是这样。

(1)在顾客服务的语言中,善用“我”代替“你”

在有的时候尽量用“我”代替“你”,后者常会使人感到有根手指指向对方。

习惯用语:“ 你叫什么名字?”

专业表达:“请问,我可以知道您的名字吗?”

习惯用语:“你必须……”

专业表达:“我们要为您那样做,这是我们需要的。”

习惯用语:“你错了,不是那样的!”

专业表达:“对不起,我没说清楚,但我想它运转的方式有些不同。”

习惯用语:“如果你需要我的帮助,你必须……”

专业表达:“我愿意帮助您,但首先我需要……”

习惯用语:“你做得不正确……”

专业表达:“我得到了不同的结果。让我们一起来看到底怎么回事。”

习惯用语:“你没有弄明白,这次听好了。”

专业表达:“也许我说得不够清楚,请允许我再解释一遍。”

(2)在顾客服务的语言中,没有“我不能”

首先,在顾客服务的语言中没有“我不能”。当您说“我不能”的时候,顾客的注意力就不会集中在您所能给予的事情上,他的注意力集中在“为什么不能”、“凭什么不能”上。

正确方法:“看看我们能够帮您做什么?”这样就避开了跟顾客说不行或不可以。实际上您表达的意思是一样的。

(3)在顾客服务的语言中,没有“我不会做”

在顾客服务语言中,没有“我不会做”。他觉得您应该会做,应该可以,但是您为什么说您不会呢。我们希望顾客的注意力集中在你讲的内容上面,而不是把注意力转移。

正确方法:“我们能为您做的是……”使顾客注意听您的解决方法。因此,正确的方法是说“我们能为您做什么,我可以帮您做什么”,而不是跟顾客讲“我不会干这个,我不会做这个”。需要告诉顾客,您可以解决一部分的问题,但是另外的问题还需要其他专业技术人员来解决。或“我可以帮您分析一下”,“我可以帮您看一下”,这是维修行业顾客服务语言中的第3个技巧。

(4)在顾客服务的语言中,没有“这不是我应该做的”、“我想,我做不了”

正确方法:告诉顾客您能做什么,并且非常愿意帮助他们。在顾客服务语言中,没有“这不是我应该做的”、“我想,我做不了”。当您说“不”的时候,您和顾客之间的沟通马上就陷入一种消极的气氛中。你不要让顾客把注意力集中在您或者您的公司“不能做什么”上面,或者说是“不想做什么”上面。因此,先表明一种愿意服务的态度,然后再把您不能够提供的事情讲出来。如果您有可能提供一些折中方案的话,要提前说出,应避免直接回绝顾客。

(5)在顾客服务的语言中,没有“但是”

不论您前面讲得多好，如果后面出现了“但是”，就等于将前面对顾客所说的话进行否定。

您受过这样的赞美吗？——“您穿的这件衣服真好看！但是……”

正确方法：只要不说“但是”，说什么都行！

顾客服务语言中没有“但是”。什么叫没有“但是”呢？在沟通中有一个很重要的法则叫作“Yes Yes But”。“是，是，但是”等于什么？等于“不”。很多人都认为，以前很婉转地表达不同观点的最好方式是“Yes Yes But”。现在顾客越来越精明，您说“但是”等于把您前面说的话全都否定了，所以顾客感到这是一种很圆滑的外交辞令。比如说：“您穿的这件衣服真好看，不过……”，“不过”什么？“不过”就把前面说的那句话又收回来了。因此说现在比较忌讳说“但是怎么……”，不要让顾客感觉到您的语言表达完全是一种外交辞令。

(6)在顾客服务的语言中，有一个“因为”

要让顾客接受您的建议，应该告诉他理由。

不能满足顾客的要求时，要告诉他原因。

正确方法：不能只说不可以，而要告诉他原因。

在顾客服务语言中有一个“因为”，这一点是至关重要的。很多时候顾客服务人员直接回绝顾客：“对不起，不行”、“对不起，不可以”，顾客马上就会问：“为什么不行啊？”“为什么不可以呀？”

语言表达技巧也是一门大学问，虽然现在提倡个性化服务，但如果我们能提供专业水准的个性化服务，相信会更增进与顾客的沟通；不要认为只有口头语才能让人感到亲切，我们对表达技巧的熟练掌握和娴熟运用，也可以在整个与顾客的通话过程中体现出最佳的顾客体验与企业形象。

案例分析

【案例一】

一家著名的公司在面试员工的过程中，经常会让10个应聘者在一个空荡的会议室里一起做一个小游戏，很多应聘者在这个时候都感到不知所措。在一起做游戏的时候主考官就在旁边看，他不在乎你说的是什么，也不在乎你说的是否正确，他是看你这三种行为是否都出现，并且这三种行为是有一定比例出现的。如果一个人要表现自己，他的话会非常多，始终在喋喋不休地说，可想而知，这个人将是第一个被请出考场或者淘汰的一个人。如果你坐在那儿只是听，不说也不问，那么，也将很快被淘汰。只有在游戏的过程中你说你听，同时你会问，这样就意味着你具备一个良好的沟通技巧。

上面这个案例告诉我们每一个人在沟通的时候，一定要养成一个良好的沟通习惯：说、听、问三种行为都要出现，并且这三者之间的比例要协调。

【案例二】

吴威向一位客户销售家具，交易过程十分顺利。当客户正要掏钱付款时，另一位销售人员跟吴威谈起昨天的足球赛，吴威一边跟同伴津津有味地说笑，一边伸手去接货款，不料客户却突然掉头而走，连家具也不买了。吴威苦思冥想了一天，不明白客户为什么对已经挑选好的家具突然放弃了。第二天早上9点，他终于忍不住给客户打了一个电话，询问客户突然改变主意的理由。客户不高兴地在电话中告诉他：“昨天付款时，我同你谈到了我的小女儿，她刚考上北京大学，是我们家的骄傲，可是你一点也没有听见，只顾跟你的同伴谈足球赛。”吴威明白了，这次生意失败的根本原因是因为自己没有认真倾听客户谈论自己最得意的女儿。

这个案例告诉我们:认真倾听比能言善辩更重要。

【案例三】

利用 FAB 原则,向客户介绍公司的产品。

“×××先生/小姐:您好!我们的技师在保养过程中,发现您车辆的制动片磨损很严重。一般制动片使用厚度的极限是 1mm,您的制动片已经快到使用的极限了,如果不及时更换会有潜在的危害。因此,我特地打电话和您确认一下是否要更换,免得您下次还得为了它再跑一次修理厂……”

“项目—功能”:您放心我们的技师都有很多年的维修经验,并定期在一汽大众接受专业的培训,会严格按照一汽大众的标准进行维修,要经过三级检验您的爱车才能出厂。“好处”:完全可以保证您车辆的维修质量。

这个案例反映在汽车营销服务中采用 FAB 顺序表达时,对方更容易听得懂,而且印象会非常深。通过表达自己的看法、想法,同时向顾客作出解释,借此解答顾客内心可能存在的潜在的疑问。

测试一

【自检】

写下每种情境下最适合的表达方式:

(1)当您早上进公司时________

(2)当您向顾客问候时________

(3)在表达感谢时________

(4)当上级主管、年长同事或同事叫您时________

(5)在工作中称呼某人时________

(6)当有上级主管教导您时________

(7)当您外出时________

(8)当您回来时________

(9)当上级主管、年长同事或同事外出时________

(10)当上级主管、年长同事或同事回来时________

(11)当您手上没工作时________

(12)当您犯错时________

(13)当您在下班,离开办公室时________

测试二

【自检】

写下最适合的表达语言:

(1)习惯用语:“问题是那个产品都卖完了。”

专业表达:________

(2)习惯用语:“您怎么对我们公司的产品质量老是有看法?”

专业表达:________

(3)习惯用语:“我不能把他的手机号给您。”

专业表达：____

(4)习惯用语："注意，您必须今天做好！"

专业表达：____

(5)习惯用语："您没有必要担心这次修后又坏。"

专业表达：____

任务二 提问技巧

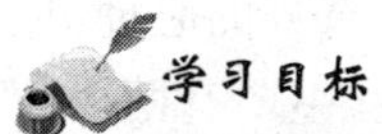

知识目标：知道提问的原则、方法、问题的种类。

能力目标：学会在服务工作中综合运用开放式、封闭式问题进行提问。

素质目标：注重"理解、服务意识、细心观察、创新能力"的培养。

一、提问的原则

提问，在沟通中可以起主导作用，它往往是沟通的起点，是把话题引向深入的动因。因此，会不会问，怎样问，问什么，直接决定着沟通的效果。只有精妙的提问，才可以顺利获得所需信息，了解对方的实际需求，促进人与人之间的交流与理解，同时还会使沟通双方心情舒畅，沟通氛围融洽。在这个意义上讲，提问必须讲究艺术性、科学性和得体性。

沟通之前，最好能了解对方的有关背景情况，这样可以避免提出尴尬的问题，引起对方的不快甚至不满。这是提问应遵循的一般原则。除此之外，提问还应遵循以下原则：

1. 合理性原则

合理性原则是指所问内容要符合客观实际和逻辑性，符合人们的思维方式、风俗习惯，符合社会公德。如果提问的内容不合事理或情理，就会使人无法回答。提问的合理性原则，主要体现在以下几个方面：

(1)提出对方能够、愿意或容易回答的问题。这就要求提问者注意场合，注意对方的年龄、身份、民族、文化素养、性格和心理等特点，做到因人而异，因地而异。

(2)提出与交谈进程相适应的问题。交谈进程如果顺利，就应提出逐步深入的问题；交谈进程如果不顺利，甚至对方有抵触情绪，就应暂时岔开，提出对方愿意解答的其他问题，以缓和气氛，或者说明提问的原因和希望对方予以配合的理由，促进交谈能够顺利进行。

(3)提问要避开对方的忌讳。忌讳是因风俗习惯或个人理由等对某些言语或举动积久成习所形成的禁忌，如西方人忌"13"，中国人忌"4"。犯忌，往往会产生强烈的心理刺激，引起对方的反感，提问时应严加注意。

(4)提问应符合社会公德。一般情况下，提问应做到谦虚礼貌。如果出言不逊、言谈无礼，就不会获得有关信息，使交谈无法进行下去。

2. 确定性原则

提问的确定性，主要表现在能抓住要害，问得明确、具体、肯定，这样才能启发对方的思路，获得满意的答案。在沟通过程中，要想把问题提得明确而具体，就要善于抓住复杂事件中的关键情节、错综复杂关系中的关键焦点、繁复过程中的关键环节来提问。关键之处往往不是大问题，而是细枝末节，因而问得具体、精细，就会取得最佳效果。正如一位美国记者所言："在十分融洽的气氛中，记者甚至只问一个精炼的具体问题，就可以满载而归了。" 如 1980 年 8 月，意大利记者法拉奇采访邓小平第一个问题是"天安门上保留的毛主席像是否永远这样保留下去?"这个问题具体精炼，而且很有分量，涉及我们党和全国人民对毛泽东和毛泽东思想如何评价的实质问题。

3. 诱发性原则

所谓诱发，是指引导启发。提问的诱发性原则，要求提问者能够善于迎合对方的心理，抓住对方的情绪、行为特征，激发对方回答的欲望。之所以要求提问具有诱发性，主要有两个原因：一是为了打开沟通对象的心灵之窗，在融洽和谐的气氛中获取有关信息；二是为了紧紧吸引对方思考自己所提出的论题，诱导对方接受自己的观点。提问的诱发性原则具体体现在以下两个方面：

(1)选择对方可以接受的、最好是感兴趣的话题来提问，这样才能保证信息的畅通。

(2)所选话题能够水到渠成地导入体现自己沟通意图的内容，从而完成沟通任务。

二、提问的具体方法

1. 直接提问

此种方法往往是开宗明义，直指要害，就你想了解的问题直接发问，使用得当可成破竹之势。直接提问的前提是对具体情况已基本了解，直接点出问题的实质有利于事情的明朗化，尽快解决问题。如果对对方情况不甚了解，切不要贸然直问。

2. 旁敲侧击

此种方法往往是从侧面迂回发问，委婉曲折，再回到正题上来。从而使不能直接达到的目的通过迂回的方式达到。

3. 故意激问

此种方法往往是从相反的方面尖锐地提出问题，有意激发对方，引起对方反驳，从而使对方的真实意图暴露无遗。

4. 前后切断

此法是将对方谈话中的前后矛盾揭示出来，让对方"自己打自己的嘴巴"。

5. 投石问路

此法是沟通中对有些情况、信息、意图不甚了解，而试探提问。提问时讲究谨慎、细心。

三、创造提问的有利条件

创造对自己提问的有利条件，是提问占据主动的一种方法。这对了解、掌握对方的心理、意图起很大作用。怎样创造提问的有利条件呢?

(1)让对方关心自己。

(2)搜集有关对方的情报。

(3)使自己能够了解对方所关心的事。

(4)经过提问，可以引发对方思考问题的动机。

(5)诱导对方能够得出结论。

提问是沟通的敲门砖，用好这块砖，能更好地把握对方的思路，实现自己的沟通目的。

四、提问的技巧

通过提问，能尽快找到顾客想要的答案，了解顾客的真正需求和想法；通过提问，也能尽快理清自己的思路，这对于接待人员至关重要。提问主要有以下几种技巧：

1. 针对性问题

什么是针对性的问题呢？比如说，特约店可能会有顾客投诉说："在特约店刚刚修过的车，使用时发现车又坏了。"这个时候，接待人员可以询问顾客："您今天早上开车的时候，车上的仪表盘和故障指示灯是什么样子的？"这个问题就是针对性的问题。

针对性问题的作用是能让您获得细节，在不知道顾客的答案是什么的时候使用，通过提出一个有针对性的问题，对顾客反映的情况进行了解。

2. 了解性问题

了解性问题是指用来了解顾客信息的一些提问。在了解这些信息时，要注意避免一些顾客可能会有反感的问题，比如说："您什么时候修的车？""您的修车发票是什么时候开的？""当时开发票开的单位名头是什么？""当时是谁接待的？"等，使顾客觉得像在查户口。

作为接待人员，提这样的问题的目的是为了了解更多的信息，这些信息对接待人员是很有用的，可能有的顾客有时候不愿意回答或懒得回答。"我早忘了！"有时顾客会这么跟您说。因此在提出了解性问题时，一定要说明原因，如："麻烦出示一下您的修车记录，因为要做登记。""麻烦您……，因为……"

3. 澄清性问题

澄清性问题是指正确地了解顾客所说的问题是什么，到什么程度。有时候顾客往往会夸大其词，如："车修得太差劲了，到处是问题，修了还不如不修"等。接待人员碰到这样的顾客，首先要提出一些澄清性问题，因为您这时候并不知道顾客所说的质量差到了什么程度。

遇到这种情况可以提问："请问您说的修理结果很差是什么样子，您能详细描述一下车辆现在的情况吗？"这样可以了解顾客投诉的真正原因是什么，事态究竟有多严重。

4. 征询性问题

征询性问题是告知顾客对于他所提出问题的初步解决方案。"您看我们这样解决好不好……"类似于这种问题，就叫作征询性问题。当告知顾客一个初步解决方案后，要让顾客做决定，以体现顾客是"上帝"。比如，顾客抱怨车辆维修质量问题，听完他的陈述后，接待人员就需要告诉顾客一个初步的解决方案，如："您方便的话，可以把您的车子开过来，可能需要在特约店再做一下检查。"

运用征询性问题来结束对顾客的服务，很多时候会让顾客享受到"上帝"的感觉。

5. 服务性问题

服务性问题也是顾客服务中非常专业的一种提问。这种提问一般运用在顾客服务过程结束的时候。它可以起到超出顾客满意的效果。

例如，在为顾客做完服务后，可以说："您看还有什么需要我为您做的吗？"在一个服务意识比较强的特约店里，我们会经常听到这句话。但是，很多接待人员都不会运用这句话来完善服务。

服务性问题的提出是体现一个特约店的顾客服务是否达到优质的一个标准。就像我们到一些管理较差的特约店,接待人员本应帮顾客开门,但拉开门后接待人员自己却先进去了,而不像一些管理好的特约店那样让顾客先进去,这就体现了高标准的顾客服务。

6. 开放式问题

开放式问题是用来引导顾客讲述事实的。比方说:“您能说说车辆出现故障时的具体情况吗?”“您能回忆一下当时的具体情况吗?”一句话问出来,顾客就滔滔不绝了,这就是开放式问题。

开放式问题便于更详细地了解情况,或让顾客说出一些接待人员忽略了的细节。但由于开放式的问题,客户的回答也可能是开放的,很多时候往往根本起不到有效缩短服务时间的作用,因此,在很多时候服务代表还需要使用封闭式的问题进行提问。

7. 封闭式问题

封闭式问题就是对顾客的问题做一个重点的复述,是用来结束提问的。当顾客叙述完毕后,接待人员说:“您的意思是想重新更换零部件,是这样的吗?”这就是一个封闭性的问题。

封闭式问题的使用是完全帮助客户来进行判断,客户面对你的问题时只需要回答是或者不是。封闭式的提问需要服务代表本身有很丰富的专业知识。大量地使用封闭式问题,还有一个前提就是所有的回答都必须是肯定的。

服务代表能正确地、大量地使用封闭式的提问,能充分地体现这名服务代表的职业素质。

此外,通过提问,可以让愤怒的顾客(特别是投诉的顾客)逐渐变得冷静而理智起来。例如当顾客很愤怒时,可能会忘记陈述事实,接待人员应该有效地利用提问来缓解顾客的情绪,如:“您不要着急,一定给您解决,您先说一下具体是什么问题,是怎么回事儿?”这时顾客就会专注于回答您所提出的问题,在陈述的过程中,顾客的情绪就会从不冷静而逐渐变得冷静而理智起来。

综上所述,只有树立全心全意为顾客服务的意识,注重在与顾客交流时提问的技巧与方法,才能吸引更多的顾客接受您的服务,从而为特约店带来源源不断的经济效益。

五、如何使用提问技巧来妥善地解决客户的需求

在提问技巧中开放式和封闭式两种问题都有必要,一般情况下如何使用呢?

通常都是先提一个开放式的问题,有什么需要我帮忙的吗?然后马上又转入封闭式的问题,两种提问的技巧交互使用,迅速地判断出客户的问题所在。当然如果服务代表能够很成功地运用封闭式的问题,马上就把客户的问题找到,那么说明他的经验非常丰富,因为多数服务代表在提封闭式问题的时候都是运用个人的经验来做出判断,这是提问的技巧。

六、复述的技巧

复述技巧包括两个方面:一方面是复述事实;另一方面是复述情感。这与倾听的内容是相同的,因为复述也就是把你所听到的内容重新叙述出来。

1. 复述事实

(1)复述事实的目的

复述事实的目的就是为了彻底分清责任。服务代表先向客户确认自己所听到的是否正确,如果客户说对了,那以后出现问题的责任就不在服务代表身上了。

(2)复述事实的好处

①分清责任。服务人员通过复述,向客户进行确认,印证所听到的内容,如果客户没有提出异议,那么再有问题,责任就不在服务人员身上了。

②提醒作用。复述事实还有一个好处就是可以提醒客户是不是还有遗忘的内容,是不是还有其他问题需要一起解决。这是针对那些客户自己也搞不明白自己究竟需要什么东西时而采取的,当你复述完,可以问问客户还有没有什么要补充的,如果客户说没有了,就可以进入解决问题的阶段了。

③体现职业化素质。复述事实还可以体现服务人员的职业化素质。对事实的复述不仅能体现出服务人员的专业水准,更重要的是让客户感觉到对方是在为自己服务,自己是被服务的客户,这种感觉是很重要的。这在一定意义上满足了客户情感的需求。

2. 复述情感

复述情感就是对于客户的观点不断地给予认同。比如:"您说得有道理;我理解您的心情;我知道您很着急;您说得很对"等,这些都叫作情感的复述。在复述的过程中,复述情感的技巧是最为重要的,使用时也非常复杂。

案例分析

【案例一】

小王自己不懂车,他感觉车的发动机在怠速时,会"当当当"响,觉得响得很讨厌。然后就把车开到了修理厂。一个小伙子接待了他,问:"您的车怎么啦?"。小王就说发动机有问题了,"当当当"响;那小伙子接着又问:"哪儿响?"小王就说不清具体是那儿响,反正就这一块;"是吗,什么时候开始的?"小王说大概有一星期了。小伙子在车上东看看西看看,也找不到问题究竟出在哪里。过一会他把他师傅找过来了,他师傅过来以后,提问的方式就马上转变了,第一个问题是发动机的机油换没换?小王说好像是一个月之前换的。接着师傅又问:"您这两天车是不是经常点着然后不走?"小王回答说是有这种情况。然后师傅又问:"化油器清洗过吗?"小王说前段时间洗的。这时师傅说:"可能毛病出在化油器上。"经过检查,果然是化油器堵住了。

这个案例反映出小伙子提出的一些开放式问题没有起到作用,而他的师傅一用封闭式的问题提问,就马上找到了汽车"当当当"响的原因所在。这就说明小伙子的师傅有着很丰富的专业知识和非常准确的判断能力。

【案例二】

服务人员:"您好,这里是售后服务中心。"

客户:"听着,你们上次来的时候,是修好了,可是你们一走,系统又不行了。"

服务人员:"怎么会这样呢?对不起,您先别着急,我会尽快帮您解决问题。"

客户:"我又不是整天闲着没事干,就是陪着你们修这台该死的电脑,你知道吗?我现在办公桌上的文件都快有半米高了,就因为你卖给我们的这台破电脑,害得我丢了所有的文件,你知道这些被删掉的文件对我有多重要吗?这个损失谁来赔我?"

服务人员:"我能够想象那些文件对您有多重要,我也非常想帮助您。现在对于您来说最重要的就是马上解决问题,是吗?"

客户:"我现在就是想不明白,我当时是不是脑袋进了水,我怎么就买了你们的破电脑呢?"

服务人员:“我知道您现在很生气,请您相信我们的售后服务承诺是有保证的。”

客户:“你们的售后服务,对,你们是有八小时的服务承诺,你们也按时来修了,可是你们修了多少次,最后修好了吗？不要说八小时,你就是一小时的服务承诺,对我来说又有什么意义呢?”

服务人员:“您说的这个情况是个事实,我也很抱歉,我会尽快解决这个问题,请您相信我。”

客户:“现在我的同事都笑话我买的这台电脑,还有人说我是不是吃了回扣了。你知道吗,就这台电脑,比你们公司卖得便宜的满街都是,你拍拍良心,我拿了你们一分钱回扣吗?”

服务人员:“这一点请您放心,谁不知道您是个正直的人呢？如果有需要的话,我和我们公司都可以为您证明。”

客户:“这事如果让我们经理知道了,还不知道要怎么样呢？闹不好我连饭碗都得砸在你们的手里!”

服务人员:“我很理解您的处境,您不要太担心,我会尽快帮助您解决这个问题,请您放心,好吗?”

客户:“那好吧,我等你的消息。”

从这个案例中,我们看到了这个服务代表,在为客户提供的服务过程当中,他使用听、问(开放式的问题,也有封闭式的问题,先使用开放式的问题,再使用封闭式的问题),最后再复述客户的事实。通过听、问、复述三个技巧,你就能够很快地把客户的需要掌握住。在理解客户阶段,听、问及复述的三个技巧是需要长期锻炼的,才有可能达到一定境界。

建议:在我们日常工作当中,可以不断地进行总结和提炼这种提问的技巧。比如说把你在工作中有可能遇到的所有开放式问题写下来,分清哪些是开放式问题,是可以去提问的;再总结里头封闭式的问题,想一想我通过哪几个层面的封闭式的问题,可以迅速地判断出客户想要的是什么,要求是什么？很多服务代表在使用听、问、复述技巧的时候,是使用封闭式问题进行排除。当你提问以后,需要理解客户所说的话,之后你要有一个总结,将客户所说的一二三四进行重复,这不光是在做服务工作,在销售谈判当中也是一样的。你在理解完客户需求以后,你要告诉客户,“我要把您刚才讲的重复一下,您看我理解的对不对,一二三四,您看还有什么需要补充的吗?”如果客户说,“我现在的要求就是这样子”这个时候,直接提供帮助,这个就是理解客户的三大技巧。

测试

【自检】

下面是中国国际航空公司针对他们的服务而对乘客提出的问题,请你判断下列提问哪些是开放式的问题,哪些是封闭式的问题(在框内打“✓”)。

你对国航有什么意见? □开放式问题 □封闭式问题

安排本次航程时,是你亲自与国航联系的吗? □开放式问题 □封闭式问题

选择航空公司时你最主要的考虑因素是什么? □开放式问题 □封闭式问题

本次旅行中你和谁结伴? □开放式问题 □封闭式问题

小航空公司提供的服务比大航空公司好吗? □开放式问题 □封闭式问题

飞机上的食品服务对你而言是否重要? □开放式问题 □封闭式问题

任务三　电话沟通

学习目标

知识目标：知道接听、拨打电话的基本方法、步骤、注意事项。

能力目标：学会服务工作中规范地接听、拨打电话的方法。

素质目标：注重“细致、耐心、工作反思、创新能力”的培养。

基础知识

现代社会，各种高科技的手段拉近了人与人之间的距离，即使远隔天涯，也可以通过现代通信技术近若比邻。事实上，我们在日常的沟通活动中，使用得最多的工具就是电话。电话使人们的联系更为方便快捷，但另一方面，电话沟通也有其自身的缺陷。

一个人接听或拨打电话的沟通技巧是否高明，常常会影响到他是否能顺利达成本次沟通的目标，甚至也会直接影响到企业、公司的对外形象。因此，应多动脑筋，千方百计让对方从声音中感受到你的热情友好。要想给对方留下诚实可信的良好印象，学习和掌握基本的电话沟通技巧和办公室电话礼仪是很有必要的。

一、接听、拨打电话的基本技巧

为了提高通话效果、正确表达思想，请注意下述几点：

1. 电话机旁应备记事本和铅笔，可记录主要事项

【小知识】即使是人们用心去记住的事，经过9小时，遗忘率也会高达70%，日常琐事遗忘得更快。因此，电话机旁应备纸、笔，方便随时记录以防遗忘。

2. 先整理电话内容，后拨电话

给别人打电话时，如果想到什么就讲什么，往往会丢三落四，忘却了主要事项还毫无觉察，等对方挂断了电话才恍然大悟。因此，应事先把想讲的事逐条逐项地整理记录下来，然后再拨电话，边讲边看记录，随时检查是否有遗漏。另外，还要尽可能在3分钟之内结束。实际上，3分钟可讲1000个字，相当于两页半稿纸上的内容，按理是完全能行的。如果一次电话用了5分钟甚至10分钟，那么一定是措辞不当，未抓住纲领、突出重点。

3. 态度友好

有人认为，电波只是传播声音，打电话时完全可以不注意姿势、表情，这种看法真是大错特错。双方的诚实恳切，都包含于说话声中。若声调不准就不易听清楚，甚至还会听错。因此，讲话时必须抬头挺胸，伸直脊背。“言为心声”，态度的好坏，都会表现在语言之中。如果道歉时不低下头，歉意便不能伴随言语传达给对方。同理，表情亦包含在声音中。打电话表情麻木时，其声音也冷冰冰。因此，打电话也应微笑着讲话。

【小知识】女性在对着镜子说话时，会很自然的微笑，人在微笑时的声音是更加悦耳、亲切的。

4. 注意自己的语速和语调

急性子的人听慢话，会觉得断断续续，有气无力，颇为难受；慢吞吞的人听快语，会感到焦

躁心烦;年龄高的长者,听快言快语,难以充分理解其意。因此,讲话速度并无定论,应视对方情况,灵活掌握语速,随机应变。

打电话时,适当地提高声调显得富有朝气、明快清脆。人们在看不到对方的情况下,大多凭第一听觉形成初步印象。因此,讲话时有意识地提高声调,会格外悦耳优美,就像乐谱中5(梭)的音域。

5. 不要使用简略语、专用语

将"行销三科"简称"三科"这种企业内部习惯用语,第三者往往无法理解。同样,专用语也仅限于行业内使用,普通顾客不一定知道。有的人不以为然,得意扬扬地乱用简称、术语,给对方留下了不友善的印象。有的人认为西洋学及外来语高雅、体面,往往自作聪明地乱用一通,可是意义不明的英语,并不能正确表达自己的思想,不但毫无意义,有时甚至会发生误会,这无疑是自找麻烦。

6. 养成复述习惯

为了防止听错电话内容,一定要当场复述。特别是同音不同义的词语及日期、时间、电话号码等数字内容,务必养成听后立刻复述、予以确认的良好习惯。文字不同,一看便知,但读音相同或极其相近的词语,通电话时却常常容易搞错,因此,对容易混淆、难于分辨的这些词语要加倍注意,放慢速度,逐字清晰地发音。如1和7、11和17、4和10等。为了避免发生音同字不同或义不同的错误,听到与数字有关的内容后,请务必马上复述,予以确认。当说到日期时,不妨加上星期几,以保证准确无误。

7. 电话铃响两次后,取下听筒

铃响3次之内,应接听电话。较理想的是,电话铃响完第二次时,取下听筒。

8. 自报姓名的技巧

接电话时,第一声应说:"你好! 这是×××公司。"打电话时则首先要说:"我是×××公司×××处的×××。"双方都应将第一句话的声调、措辞调整到最佳状态。

9. 轻轻挂断电话

通常是打电话一方先放电话,但对于职员来说,如果对方是领导或顾客,就应让对方先放电话。待对方说完"再见!"后,等待2~3秒才轻轻挂断电话。

二、打电话时应遵循的步骤

电话礼仪的另外一个方面,是给客户打电话时应遵循的几个步骤。因为通常来讲,接电话比打电话给客户还要容易一些。当你打电话给客户的时候,必须做好准备,特别是在传达坏消息给客户的时候。

打电话时应遵循的步骤,如下所述:

1. 首先要收集信息

(1)把所有相关的文件摆在桌面上。

(2)然后检查这些信息,这样就可以了解具体的内容,还有这些内容的位置。比方说,客户发生了投诉,服务经理将客户投诉的这些资料交给你,要你去和客户联络。这时候,你要先检查信息的内容到底是些什么。

(3)如果合适的话,必须与进行客户处理的同事先交换意见。

2. 为打电话做好准备

(1)要明白打电话的目的是什么。即弄明白你为何打电话? 你需要告诉客户什么? 你需要从他们那里找到什么？

(2)要清楚时间的安排。比如要清楚你准备跟客户交谈多久？从而确定你与客户打电话的最佳时间。

(3)传递信息。你应该如何来传递信息？你要告诉客户哪些事情？客户将会做何反应？你应该如何应对客户的反应？能够提供什么方便？这些都要心里有底。假如客户说："我的车你们帮我修了，可是到了家里面我又无法启动车了。"这时候你能够提供什么方便呢？是不是能够把代用车开去给客户暂用？这些都是你要考虑好的。

3. 打电话

(1)要坚持筹划的电话内容

因为不知道客户对这次电话会有什么响应，所以就要尽力按照事先安排的计划去进行，不要搞乱。不然的话，就无法显示出你的专业性。

(2)要保持对电话交谈整个局面的控制

不管客户的反应如何，如发脾气或者抱怨，你都要保持镇静，要维持谈话过程中对整个局面的控制。

(3)电话交谈中，对方听起来要感觉到你的真诚

通话时，要使用适当的声调，保持微笑。另外，语速不要太快，若太快的话，客户就会感觉到你好像想隐瞒一些事情而不想让他知道。

4. 结束谈话

(1)总结达成的协议

在和客户达成协议以后，可以总结一下。如果合适的话，可以与客户商定下一次再打电话的时间和日期。

(2)要保持礼貌

无论客户如何令人反感，都要保持礼貌。

(3)适时结束电话

结束电话的时候，可以说感谢他从我们这里购买产品或者服务；或者感谢他信任我们的维修部门；或者告诉他可以很快地为他解决问题。然后再感谢他帮助我们找到了这些问题的症结。

5. 回顾电话

打电话给客户的最后一个步骤是回顾电话。就是说要反思一下电话的内容，并考虑以下问题：

(1)你有没有按计划进行？

(2)如果这次处理得不好，以后会不会处理得更好？

(3)下一次的做法会有些什么不同？

(4)看起来客户对电话的结果是不是满意？

这些都应记录下来，以便当作客户资料查阅。

提示：通常来讲，在客户打电话进来，或者我们找出去电话的时候，都要有一个电话记录。上面包括客户打进来电话的时间、姓名、要找谁、主要内容是什么，最好还要写出当时客户的态度是生气还是高兴。这样，下一个人要回电话的时候，就能够心里有所准备，知道将会有怎么样的反应。

三、应对特殊事件的技巧

1. 转达电话的技巧

1）关键字句听清楚了吗

常有这种情况：顾客打电话找科长，科长却不在办公室。这时，代接电话者态度一定要热情，你可用下面的方法明确告诉对方科长不在。

据你所知，告诉对方科长回公司的时间，并询问对方："要我转达什么吗？"对方可能会说出下列几种愿望：

①稍后，再打电话；②想尽快与科长通话；③请转告科长……。

如果科长暂时不能回公司，则可告诉对方："科长出差在外，暂时无法联系，如有要紧事，由我负责与科长联系行吗？"

另外，当不便告知具体事项时，要留下他的姓名、电话、公司的名称。

若受顾客委托转告，则应边听顾客讲边复述，并按5W2H内容，认真记录。

给科长打电话联系时，应告诉科长：顾客的姓名、公司名称、电话号码、打来电话的时间，并与科长一一确认。

无论如何，都必须复述对方姓名及所讲事项。通话结束应道别："我叫×××，如果科长回来，定会立刻转告"。自报姓名，其目的是让对方感到自己很有责任感，办事踏实可靠，使对方放心。

2）慎重选择理由

通常，被指定接电话的人不在时，原因很多，如因病休息、出差在外、上厕所等。这时，代接电话的你，应学会应付各种情况：

对方来电而×××不在办公室时，应注意不要让对方产生不必要的联想；特别不能告诉对方×××的出差地点，因其出差所办事情，或许正是不能让对方觉察知晓的商业秘密。

另外，如果我们遇到领导正在参加重要会议，突然接到客户的紧急电话，怎么办？这时应正确判断，妥当处理。

如果领导有约在先："开会期间，不得打扰。"那转告之类的事，当然不能例外。

要想谋求一个两全其美的办法，既不中断会议，又不打扰领导，那么，就活用纸条吧。如在纸条上写道："×××先生电话找您，接电话（　　），不接（　　），请画勾。"然后悄悄走进会议室，将纸条递给领导看，领导一目了然，瞬间即画好勾。如此这般，既对会议不影响，领导又能当场定论，是一种很适宜的方法。

2. 听不清对方的话语

当对方讲话听不清楚时，进行反问并不失礼，但必须方法得当。如果惊奇地反问："咦？"或怀疑地回答："哦？"对方定会觉得无端地招人怀疑、不被信任，从而非常愤怒，连带对你印象不佳。但如果客客气气地反问："对不起，刚才没有听清楚，请再说一遍好吗？"对方定会耐心地重复一遍，丝毫不会责怪。

3. 接到打错了的电话

有一些职员接到打错了的电话时，常常冷冰冰地说："打错了。"最好能这样告诉对方："这是×××公司，你找哪儿？"如果自己知道对方所找公司的电话号码，不妨告诉他，也许对方正是本公司潜在的客户。即使不是，你热情友好地处理打错的电话，也可使对方对公司抱有初步好感，说不定此后就会成为本公司的客户，甚至成为本公司的忠诚支持者。

4. 遇到自己不知道的事

有时候，对方在电话中一个劲儿地谈自己不知道的事，而且像竹筒倒豆子一样，没完没了。职员碰到这种情况，常常会感到很恐慌，虽然一心企盼着有人能尽快来接电话，将自己救出困境，但往往迷失在对方喋喋不休的陈述中，好长时间都不知对方到底找谁；待电话讲到最后才醒悟过来："关于××事呀！很抱歉，我不清楚，负责人才知道，请稍等，我让他来接电话。"碰到这种情况，应尽快理清头绪，了解对方真实意图，避免被动。

5. 接到领导亲友的电话

领导对部下的评价常常会受到其亲友印象的影响。打到公司来的电话，并不局限于工作关系。领导及先辈的亲朋好友，常打来与工作无直接关系的电话。他们对接电话的你的印象，会在很大的程度上左右领导对你的评价。

6. 接到顾客的索赔电话

索赔的客户也许会牢骚满腹，甚至暴跳如雷，如果作为被索赔方的你缺少理智，像对方一样感情用事，以唇枪舌剑回击客户，不但于事无补，反而会使矛盾升级。正确的做法是：

你处之泰然，洗耳恭听，让客户诉说不满，并耐心等待客户心静气消。其间切勿说："但是"、"话虽如此，不过……"之类的话进行申辩，应一边肯定顾客话中的合理成分，一边认真琢磨对方发火的根由，找到正确的解决方法，用肺腑之言感动顾客。从而，化干戈为玉帛，取得顾客谅解。

面对顾客提出的索赔事宜，自己不能解决时，应将索赔内容准确及时地告诉负责人，请他出面处理。闻听索赔事宜，绝不是件愉快的事，而要求索赔的一方，心情同样不舒畅。也许要求索赔的顾客还会在电话中说出过激难听的话，但即使这样，到最后道别时，你仍应加上一句："谢谢您打电话来。今后一定加倍注意，那样的事绝不会再发生。"这样，不仅能稳定对方情绪，而且还能让其对公司产生好感。正所谓："精诚所至，金石为开。"对待索赔客户一定要诚恳，用一颗诚挚的心感动客户，以化解怨恨，使之从这次处理得当、令人满意的索赔活动中，理解与支持本公司，甚至成为公司产品的支持者。通过对索赔事件的处理，你也能了解公司的不足之处，并以此为突破口进行攻关。当你经过不懈努力，终于排除障碍、解决问题，甚至使产品质量更上一层楼，使企业走出困境，不断繁荣昌盛。这时，谁又能说索赔不是一件好事呢？

案例分析

【案例】

当接到领导夫人找领导的电话时，由于你忙着赶制文件，时间十分紧迫，根本顾不上寒暄问候，而是直接将电话转给领导就完了。当晚，领导夫人就会对领导说："今天接电话的人，不懂礼貌，真差劲。"领导夫人简单的一句话，便会使领导对你的印象一落千丈。

这个案例告诉我们，领导及先辈的亲朋好友对下属职员的一言一行非常敏感，期望值很高，请切记注重电话礼仪，时刻严格要求自己。

测试一

【自检】

检查拨打、接听电话的要点，找出目前的不足之处后制订自己的改进计划。请填写表1-1。

检查拨打、接听电话的要点及改进计划　　表1-1

要　　点	需要注意的要点	具体改进计划
电话机旁应备有记事本和铅笔	是否把记事本和铅笔放在触手可及的地方	
	是否养成随时记录的习惯	
先整理电话内容,后拨电话	时间是否恰当	
	情绪是否稳定	
	条理是否清楚	
	语言是否简练	
态度友好	是否微笑着说话	
	是否真诚面对通话者	
	是否使用平实的语言	
注意自己的语速和语调	谁是你的信息接收对象	
	先获得接受者的注意	
	发出清晰悦耳的“梭”音	
不要使用简略语、专用语	用语是否规范准确	
	对方是否熟悉公司的内部情况	
	是否对专业术语加以必要的解释	
养成复述习惯	是否及时对关键性字句加以确认	
	善于分辨关键性字句	

测试二

【自检】

在学习本节课程内容之前,对照一些常见的电话沟通习惯,请你先回想一下自己通常是如何进行电话沟通的？请填写表1-2。

常见的电话沟通习惯　　表1-2

问题情境	不良表现	你的实际表现
接听电话时	①电话铃响得令人不耐烦了才拿起听筒	
	②对着话筒大声地说:“喂,找谁啊?”	
	③一边接电话一边嚼口香糖	
	④一边和同事说笑一边接电话	
	⑤遇到需要记录某些重要数据时,总是在手忙脚乱地找纸和笔	
拨打电话时	①抓起话筒却不知从何说起,语无伦次	
	②使用“超级简略语”,如“我是三院的×××”	
	③挂完电话才发现还有问题没说到	
	④抓起电话粗声粗气地对对方说:“喂,找一下刘经理”	

续上表

问 题 情 境	不 良 表 现	你的实际表现
转达电话时	①抓起话筒向着整个办公室吆喝:“小王,你的电话!”	
	②态度冷淡地说:“陈科长不在!”就顺手挂断电话	
	③让对方稍等,就自此不再过问他(她)	
	④答应替对方转达某事却未告诉对方你的姓名	
遇到突发事件时	①对对方说:“这事儿不归我管。”就挂断电话	
	②接到客户索赔电话,态度冷淡或千方百计为公司产品辩解	
	③接到打错了的电话很不高兴地说:“打错了!”然后就粗暴地挂断电话	
	④电话受噪声干扰时,大声地说:“喂,喂,喂…”然后挂断电话	

单元二 非语言沟通技巧

任务一 语言沟通基础

学习目标

知识目标：知道非语言沟通的种类、特点、运用原则。

能力目标：能根据非语言较为准确地判断客户的情绪和类型。

素质目标：注重“细心观察、勤于思考、自我学习”能力的培养。

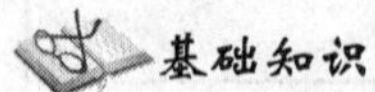

基础知识

一、非语言沟通的特点

1. 广泛性

只要人们开口说话，都会有意或无意地运用非语言来辅助有声语言传情达意，甚至有时在不开口说话的情况下，也能运用非语言传递一定的信息。

2. 直观性

与有声语言相比较，在人们的各种感官中，听觉和视觉的作用占 90% 以上，其中视觉的作用又特别显著，有 87% 的感觉印象来自于眼睛。有声语言诉诸人们的听觉，不具有视觉的可感性。而非语言以其立体的、动态的表情、动作，姿态构成一定的人体图像来传递信息，直接作用于人们的视觉器官，因而，它具有直观性的特点。

3. 依附性

依附于语境和有声语言，非语言和有声语言一样，具有多义性。一种表情、一个动作，往往不止一个义项。

如瞪眼的动作，有如下几个义项：

(1)表示愤怒；

(2)表示好奇；

(3)表示诧异；

(4)表示仇恨，等。

又如点头的动作，可表达如下 11 种意义：

(1)表示致意；

(2)表示同意；

(3)表示肯定；

(4)表示承认；

(5)表示赞同;

(6)表示感谢;

(7)表示应允;

(8)表示满意;

(9)表示认可;

(10)表示理解;

(11)表示顺从。

这种多义性决定其对语境及有声语言的依附性。离开一定的语境,孤立地分析某个非语言,其语义就不明确。有时,即使在一定的语境中,若较长时间离开有声语言的配合,非语言的含义也不一定明确。

4. 民族性

非语言有鲜明的民族性。一方面,表示同一语义运用的非语言会因文化和环境的差异而应用不一。如见面时打招呼,不同民族就有不同的表示:中国人见面打招呼是双方握手点头以示问好;欧美人常以拥抱和接吻的方式表示;日本人盛行鞠躬;爱斯摩人用拳头捶打对方的头和肩;萨摩亚人互相哆对方;瑞典的拉普人互擦鼻子;太平洋群岛上的波利亚人见面时边拥抱、边抚摸对方的后背;而拉丁美洲有些地方是以拍背为礼。又如,大多数民族都以摇头表示反对、不同意,以点头表示赞成、同意,但是保加利亚人、尼泊尔人以及我国的独龙族却相反,摇头表示同意,点头表示反对。

5. 时代性

非语言会随着时代的变化而演变。如在我国封建社会中,下级见上级,晚辈见长辈,需要跪拜;男子平辈之间用拱手或作揖表示礼节或欢迎,女子见面施礼是双手襟前合拜,口称"万福",表示对对方的祝颂。这些体态语都是受封建文化习俗影响形成,深深地打上了封建社会的时代烙印。

如脱帽礼,源于中世纪的欧洲,他脱去头盔表示是"自己人"。辛亥革命后,脱帽礼在我国比较流行;而现在人们见面时,不再盛行这种礼节,只在灵堂、陵园用以表示向死者致哀的意思。

二、非语言沟通的种类

从非语言的部位和表现力着眼,可以把非语言区分为表情、手势和体姿三类。

1. 表情

表情语是通过面部表情来交流情感,传递信息的语言。表情语是非语言中的重要成员。在70万种人体语言中,表情语就有25万种,占人体语言的35.7%,人脸部眉、目、鼻、嘴组成了表情语最集中、最丰富的"三角区"。而三角区加上脸部肌肉、脸色便有了对表达内容最容易配合的表情语。其中表现力较强而又与沟通关系较密切的是目光语和微笑语。

目光语交流中较为重要的两个影响因素有:视线的接触部位和视线接触对方面部的时间。视线接触的部位有:

(1)近亲密区域:对方的双眼和胸部之间的三角部位。

(2)远亲密区域:双眼和腹部之间的三角部位。适用亲人和恋人之间。

(3)社交区域:双眼与嘴部之间的部位。适用普通交往中。

与人交谈,要敢于和善于同别人进行目光接触,这既是一种礼貌,又能帮助维持一种联系,使谈话在频频的目光交接中持续不断。建议:

(1)忌眼神游移不定;

(2)要放松眼睛;

(3)适当地对视;

(4)高级表情语——微笑。

2. 手势

手势语是人体上肢所传递的交际信息。它包括手指、手掌、手臂及双手发出的能够承载沟通信息的各种动作。在非语言中,手势使用频率最高,表现力最强,使用最灵活、最方便。其中尤以手指语、握手语、鼓掌语及挥手语的交际功能最强。

(1)常用的手势语归纳有五种含义:象形手势,指示手势,象征手势,情意手势,号召手势。

(2)手势根据手的动作所处的位置通常分为:上区(肩部以上)、中区(肩部至腹部)、下区(腹部以下)。

(3)常见手势:招手表呼唤,摇手表反对,举手表赞成,叉手表自信,摊手表坦诚,拱手表礼节,"V"形手势象征胜利。

3. 体姿

体姿是人的各种身姿所传递的信息。如坐姿、立姿、步姿等。

三、非语言沟通的技巧

1. 目光交流

眼睛被人们称为"心灵的窗口",正因为眼神往往会不知不觉地流露出内心的秘密,才使目光交流成为最有效力的身体语言之一。目光交流不仅可以让我们听到客户所说的话,还可以了解他的感受。

(1)"五秒钟的目光交流"

在外国,有一种说法叫"五秒钟的目光交流"。因为当我们兴高采烈的时候,或者我们与对方很熟悉的时候,往往说话时就会跟他对视,目光会差不多停留在五秒钟到十秒钟之间。

当然,如果是互相不熟悉的话,可能是两秒钟到五秒钟之间。美国人通常是两秒钟,在两秒钟对视以后,他会把目光移开,然后再回来。

(2)要真诚稳定地看着对方

在所有的情况下,都应该尽量争取做到与客户进行正常的五秒钟目光交流,因为这个时间是客户觉得最舒服的一种目光交流的时间。我们有充分信心去满足他们的期望,所以,就要做到真诚稳定地看着对方。

(3)目光游移使紧张情绪暴露无遗

对于大多数人来说,紧张的时候,就会目光游移。如果像受惊的兔子一样到处乱看,会使你的紧张情绪暴露无遗,从而降低客户对你的信任度。

在谈话时,任何不直视对方的举动都会加重对客户的负面影响,使客户觉得非常不舒服。

(4)闭眼睛的时间不宜过久

如果说话的时候,闭眼睛的时间太长的话,不管是客户,还是接待员,都在传达给对方一个信息:就是不想待在这里继续谈下去。

2. 微笑

在接待客户的时候,必须面带笑容。在把目光焦点柔和地落在客户的脸上,做到目光交流的同时,还要有一个微笑。

微笑是处理好人际关系、调节融洽的交往气氛的一种有效手段。微笑也是化解矛盾的一种必要手段。因此,我们在人际交往时必须注意下述两点:

(1)避免微笑表达过度

微笑表达应该适度,如果微笑表达过度的话,就会使人觉得生硬、虚伪、笑不由衷。此外,要注意微笑的时间和场合,如在对方悲痛的时候,如果你还在笑,他就会觉得你是在幸灾乐祸。

(2)微笑要发自内心地自然流露才能表现出待客的热情

如果微笑不是发自内心或表达不充分的话,比方说客户走近时,你连看也不看他,笑也不笑,这时候客户就会觉得你并不欢迎他。

3. 手势

手势在人际交往中有着重要的作用,它可以加重语气,增强感染力。

(1)大方恰当的手势给人一种肯定明确的印象和优雅的美感。通常来说,接待员用手势指引客户,都会四指并拢,拇指伸开。如果这种动作只是靠着身体的话,感染力不是那么强烈;但是如果我们指引客户的时候张开手臂的话,通常客户都会接受,都会按照指引的方向而去。

(2)不礼貌的手势:如果你四指并拢,只伸出一个食指指着客户的话,这是一种非常不礼貌的手势。

(3)关于手势表达过度:如果手势幅度太大,在亚洲人看来,就会觉得是一种表达过度,他们不喜欢过度表达;但在西方国家,幅度即使再大,别人看来也不会显得过分。

(4)关于手势表达不充分:如果你讲话的时候一点手势也没有,或是贴得太近做一些手势的话,会使人觉得你很紧张,没有什么自信,或者说已经被对方所说的话吓坏了,这也是表达不充分的一种表现。

4. 握手

与人握手,通常是表示欢迎、欢送。见面的时候,相会的时候,或者告辞的时候,一般都要握手。这种握手是对人表示祝贺、感谢、慰问或者表示友好合作等等。握手时,应注意如下几点:

(1)用右手握手:在握手时,一定要伸出右手和人家握手。

(2)握手的时间:握手的时间通常是三秒钟到五秒钟为适当,当然,关系亲近的握手时间可以适当长一些。

(3)力度要适当:握手的时候,力度要适当。不要太重,不要把对方给握痛了,或者强行跟人家握手,或者拉住对方不放,这些都是无礼的行为。当然也不要太轻,比如人家同你握手,如果你仅仅轻轻碰一下就把手抽回去,或者犹豫不决,都会让对方觉得你是在敷衍他、冷淡他。

(4)握手时要除掉手套

如果戴着手套,必须先把手套脱掉,然后再跟人家握手。

(5)与女士握手的注意事项

一般来说,男女之间握手,应该是由女士先伸出手,男士再伸手。如果女方没有握手的意思,男方就改用点头来表示。

(6)宾主之间的握手

在宾主之间,不管是男是女,作为主人,都必须主动先跟人家握手。如果一个人面对很多人不可能一一握手的话，就要行注目礼，就是用点头或者用招手来代替。

5. 点头

不需要用言语的另一种身体动作就是点头。当人们讲话的时候，你若表示同意就可以点头，对方就会觉得他跟你讲的话，引起了你的反应。

比方说，一个客户不停地投诉某件事情的时候，你不能插话。但是又希望让他知道你在倾听，你就可以用点头来表示，这时候点头就特别有效。

6. 身体的动作

在与客户交谈的过程中，为了表示诚意，人们常常会轻轻地向前倾身，从而让客户了解他说的话使你很感兴趣。

当客户在表达强烈情感的时候，你一定要向前倾身。这时，你传达的意思就是："我确实非常乐意听您讲话"或者"我对您非常理解"。

7. 私人空间

在国外是比较注重私人空间的。

(1)一米左右的距离会使客户比较舒服

当客户进到接待大厅，接待员迎上去的时候，不应该离客户太近。通常是保持在一米左右的接待距离，这样会使客户感觉比较舒服。

(2)私人空间的侵犯会使客户不高兴

有时候，不知道客户为什么无端发起脾气来。其实那是因为他的私人空间受到了侵犯，但是他又解释不出来，只是在心里感到不舒服。比方说，客户坐在接待台面对着你时，而你却把一大堆文件推到他面前去，这时候他的私人空间已经受到侵犯，因此他就会不高兴。

(3)私人空间因环境而异

当然，个人空间也要因当时的环境而定。有些情况下，就算是距离很近，也不应该认为别人是在侵犯自己的个人空间。

四、根据非语言的动作和表情如何判断客户的情绪

只靠一个动作或者一个表情并不足以去判断一个人是高兴还是不高兴。然而，在给出信号组合的时候，就很容易发现一个人的感觉，而不需要听他说一句话。比方说，当你看到一个人脸涨得通红、鼻孔喘着粗气、手紧握着拳头的时候，就知道他不高兴，在发脾气。

通常，在客户感到困扰或愤怒的时候，会有以下行为：

1. 面部表情看起来不安

研究发现，客户坐立不安是由以下几个原因造成的：

(1)太疲倦。

(2)对对方所说的话不感兴趣，无法专心去听。

(3)生理反应告诉他一个特别的时间已经到了。比方说午餐的时刻到了，或者说应该休息了。

(4)他的座位不舒服。

(5)他在想着别的事情。可能他已经进入另外一种状态，对你所说的话不会有任何反应，听而不闻。

2. 动作及神态看起来不耐烦

据观察，有如下一些动作和表情表现出客户不耐烦的情绪。

(1)敲桌子。作为一个维修接待员,经常会发现如果客户坐在接待台面前,而我们没有及时接待他的时候,他会开始用手指敲桌子。这时候,敲桌子意味着需要有人去关照他。研究发现,一个人如果喜欢抚摸没有生命的东西,就代表需要有人关照他。

(2)支着头听讲话。客户也许会支着头听你讲话,这个时候就表明他对你讲的话并不感兴趣。这也是一种不耐烦的表现。

(3)踱步或者不断向四周看。当客户心里非常焦急、不耐烦的时候,他也许会在地上踱来踱去,或者不断地向周围看。比方说,客户进到接待大厅,而你没有及时迎上去的时候,他就会向四周看,这表明他想有人接待他。特别是他带着一个朋友来,想介绍给你的时候,他就会这样做。

(4)交叉着手臂。当客户对你讲的话表示拒绝、不想听的时候,他会不自觉地交叉着手臂,同时身体往后靠。

(5)不笑。还有一种不耐烦的表情,就是客户一点笑容也没有,说明他对你讲的话根本不感兴趣。

(6)不断地看手表或手机。不断地看手表或手机表示客户想结束谈话,他想离开这里。这时候,你还可以看到,他的脚尖通常是指向门外的。

3. 愤怒时使用不当的语言

客户愤怒的时候,可能会使用不当的语言。他可能会使用消极的语言,可能会批评经销商,也可能会使用冒犯性的语言,甚至用脏话骂人。这些都是客户在愤怒的时候有可能使用的一些语言。

4. 烦躁或者情绪激动的时候,语调、语速和音量都会改变

特别是当你不理解客户所说的话,或者不相信他说的话的时候,客户的语调、语速和音量都会改变。

案例分析

【案例一】

在二战的时候,一名法国军官被逮捕了。一天晚上,他想抽支烟,就跟狱警说:"能给我支烟吗?"狱警给了他一支烟,在为他点火的时候,狱警从打火机的火光中看到了这个军官有一种很特别的微笑,一种很自然、很真诚的微笑。这个微笑给了狱警很深的印象,后来,就在法国军官要赴刑场之前的那个晚上,狱警把他放走了。

这个案例中,我们知道了微笑是很有感染力的一种身体语言。

【案例二】

你可以做这样一个实验。在与人家吃饭的时候,如果你在喝啤酒时倒了一杯,然后把啤酒瓶稍微往别人那边推一点,再继续讲话;第二杯倒了以后,再向别人那边推一点,这时候你会发现,那个人开始往后仰,到最后,已经忍无可忍的时候,他会抓住你的酒瓶推回到你那边,因为他觉得你在侵犯他的空间,你想压制他。

这个案例反映出私人空间的侵犯会使人感觉到压抑,会不自觉地保护自己的私人空间。

【案例三】

客户开了一辆车进来,他告诉你,这辆车早上已经抛锚三次了。这时候,你作为维修接待员,会把它开到车间去,让技工诊断一下。技工就会把它开出去试车,之后再回到厂里来让它怠速。

但是,这往往是一种间断性的故障,因此试车的时候不一定会发现问题,如果你把车带进车间,它不熄火,而且不管怎么试车,这车一点也没毛病,这时候怎么跟客户说呢?

如果你对客户说:“我们试过你的车,你的车没有毛病,已经开出去很久了,一次也没熄火,在车间怠速了很久,也没熄火。”这时候,客户就会觉得你不理解他,就会把声音越说越大,语速越来越快,声调也会变化。假如当时他的朋友在,而这朋友也是曾经坐在他的车里面的,他就会把他朋友拉过来说:“不信你问问看。”这时候,他就表现得很不耐烦了。

这个案例反映出当你不理解客户所说的话,或者不相信他说的话的时候,客户的语调、语速和音量都会改变。

测试

【自检】

按照下列标准,给表2-1中每个句子打分,测试一下你的非语言沟通能力。

非语言沟通能力测试表　　表2-1

问题 \ 得分 \ 几种表现情况	从不	有时	通常是这样	总是这样
我在听人讲话时身体能保持不动,我不摇晃身体,我不摆动自己的脚,或者表现出不安定				
我直视讲话者,对目光交流感到舒服				
我关心的是讲话者说什么,而不是担心我如何看或者自己的感受如何				
欣赏时我很容易笑和显示出活泼的面部表情				
当我听时,我能完全控制自己的身体				
我以点头来鼓励讲话者随便说或以一种支持、友好的方式来听他的讲话				
总分				

注:如果你的得分大于15,则你的非语言性技巧非常好;如果你的得分在10~13之间,说明你处于中间范围,应该有一定的改进;如果你的得分低于10,那么请学习倾听技巧。

任务二　塑造良好的职业形象

学习目标

知识目标:知道非语言沟通的种类、特点、运用原则。

能力目标:学会标准规范的职业仪态、礼仪并逐渐形成习惯。

素质目标:培养执行力、反思、自我学习能力。

一、塑造良好职业形象的重要性

(1)营销人员的职业形象在开始之前给客户留下美好的第一印象就能赢得客户的好感。

(2)帮助营销人员区分不同客户的需求,注重自己的职业形象,在与客户沟通时就更加得心应手。

(3)营销人员的良好职业形象是建立客户信心的重要基础。

(4)营销人员拥有良好的职业形象,不仅反映出优秀的个人素质、修养,同时也是品牌形象的体现,是公司规范管理、高服务水准的体现。

(5)良好的职业形象能够展示企业的文明程度、管理风格和道德水准,塑造良好的企业形象。一个具有良好形象和信誉的企业或公司,容易获得社会各方的信任和支持。

二、男女仪容规范

1. 男士仪容规范(图2-1)

1)发型发式要求

(1)干净整洁。

(2)不宜过长,最短标准不得剃光头。

(3)前部头发不遮住自己的眉毛。

(4)侧部头发不盖住自己的耳朵。

(5)后面的头发不超过衬衣领子的上部。

(6)不能留过长、过厚的鬓角。

2)面部修饰

(1)剃须修面,保持清洁。

(2)商务活动中要保持口气清新。

3)着装要求

图 2-1

(1)男士着装的"三三原则"

三色原则:男士在正规场合穿西装时,全身的颜色(色系)不得多过三种。

三一定律:即鞋子、腰带、公文包这三个地方的颜色应该一致。

一般西装是深色的,皮鞋和袜子是黑色的,衬衫是白色的,领带的颜色和西装同一种颜色最佳。

(2)男士着装的"三大禁忌"

穿西装时,左边袖子上的商标没有拆;

在正规场合,男士有两种袜子不能穿——尼龙袜和白色袜子。

有关领带的选择问题:质地、颜色、图案、搭配、领带夹(见图2-1)。

2. 女士仪容规范(见图2-2)

1)发型发式要求

(1)时尚得体,美观大方、符合身份。

(2)发卡式样庄重大方,以少为宜,避免出现远看像圣诞树,近看像杂货铺的场面。

2)面部修饰

图 2-2

女士化妆是自尊自爱的表现，也是对别人的一种尊重，是企业管理完善的一个标志。要求化淡妆，保持清新自然，表现秀丽、典雅、干练、稳重的职业形象，必须给人有责任和知性的感觉。化妆注意事项如下：

(1)化妆要自然，力求妆成有却无。

(2)化妆要美化，不能化另类妆。

(3)化妆应避人。

3)着装要求

(1)着职业套装(裙装)。

(2)不穿黑色皮裙，不穿无领、无袖、领口较低或太紧身的衣服。

(3)正式高级场合不光腿，穿贴近肉色的袜子，不穿黑色或镂花的丝袜；袜子不可以有破损，应带备用袜子，避免出现三节腿。

(4)不穿过高、过细的鞋跟的皮鞋。

(5)不穿前不露脚趾后露脚跟的凉鞋，穿正装凉鞋。

(6)不戴展示财力的珠宝首饰，不戴展示性别魅力的饰品。

(7)同质同色，数量不超过两件。

三、工作基本仪态规范(图 2-3、图 2-4)

图 2-3　标准站姿

图 2-4　服务站姿

1. 工作站姿规范

(1)身体端正、挺胸收腹、眼睛平视、嘴微闭、面带微笑。双臂在体前交叉，右手放于左手上，保持随时可以提供服务的姿势。

(2)站立时留意周围，注意招呼客户及同事间的合作。

(3)男性站立时，双脚叉开，与肩同宽，上身保持挺直。

(4)女性站立时，双脚呈“V”字形，脚尖分开为 50°左右，膝与脚后跟均要靠紧。

2. 工作走姿规范

(1)身体重心应该稍稍向前,步伐稳健,步履自然。

(2)跨步均匀,两脚之间相距约一只脚到一只半脚,要有节奏感。女性穿着裙子时,裙子的下摆与脚的动作应力求表现出韵律感。上体正直,抬头,下巴与地面平行,两眼平视前方,精神饱满,面带微笑。

(3)两手前后自然协调摆动,手臂与身体的夹角一般在10°~15°。

(4)迈步时,脚尖可微微分开,但脚尖脚跟应与前进方向保持一条直线,避免“外八字”或“内八字”迈步。

(5)走路要用腰力,因此,腰要适当收紧。

(6)如果要上下楼梯,也要保持上体正直,脚步轻稳;一般不要手扶栏杆。

3. 工作坐姿规范(图2-5、图2-6)

图2-5 男士标准坐姿

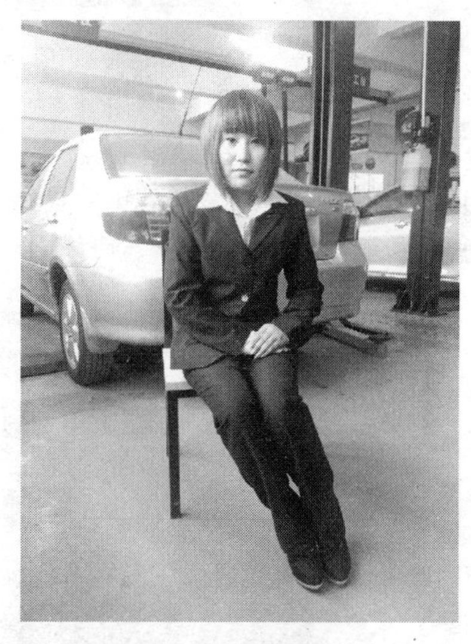

图2-6 女士标准坐姿

(1)入座时,一般从椅子左侧入座,入座要轻而缓;坐下时,一般只占座位的三分之二,如坐在深而软的沙发上,则坐在前端。

(2)坐下后,上身挺直,身体自然放松,目光平视前方或交谈对象,面带微笑。

(3)男性两腿自然分开,两膝平行,间距以一掌为宜,小腿基本与地面垂直。

(4)女性双腿并拢或交叉,双手交叉放于两腿上;着裙装入座时应整理裙摆后再坐下。

4. 蹲姿规范(图2-7)

(1)下蹲时,左脚在前,右脚在后,双腿合力支撑身躯,避免滑倒或摔倒;左右手各放于膝盖附近,挺直上身,抬头,目视前方。

(2)下蹲时的高度以双目保持与客户双目等高为佳。

(3)女士着裙装时,下蹲前须整理裙摆。

四、日常交往礼仪规范

1. 致意基本规范

(1)男士首先向女士致意。

(2)年轻者先向年长者致意。

图 2-7　标准蹲姿

(3)学生首先向老师致意。

(4)下级应当首先向上级致意。

(5)当年轻的女士遇到比自己年岁大得多的男士的时候,应首先向男士致意。

2. 握手基本规范(图 2-8)

图 2-8　握手规范

(1)握手次序:女士先伸手,男士才可握手;领导或长辈先伸手,下级或晚辈才可握手。

(2)握手禁忌:不能用左手与人握手,与异性握手不可用双手,握手不能戴墨镜、不能戴帽子、不能戴手套。不要在与人握手时递给对方冷冰冰的指尖,不在握手时长论,或点头哈腰过分热情。

3. 自我介绍规范

(1)自我介绍前,先向对方点头致意,得到回应后再进行。

(2)自我介绍时,举止庄重大方,表情亲切友善,面带微笑、充满自信。

(3)自我介绍应简洁,说明自己姓名、单位名称和职务。

4. 递送名片规范(图 2-9)

(1)名片放在衬衣左侧口袋或西装的内侧口袋。

(2)口袋不要因为放置名片而鼓起来。

图 2-9　递送名片

(3)不要将名片放在裤袋里。

(4)递名片须先于客户递出名片。

(5)递名片时起身,双手拿出自己的名片齐胸递出,将名片的方向调整到最适合对方观看的位置——即自己的姓名朝向客户;递送顺序要按职务先高后低、与自己间距先近后远进行,圆桌上按顺时针方向开始;递名片的同时使用敬语:“认识您真高兴”、“请多指教”等。

(6)接名片双手承接对方名片,要简单浏览内容,轻声念出对方名字;然后将名片放在专用的名片夹,或放在其他不易折叠的地方。

(7)不要一只手去接别人递过来的名片,也不看一眼就把它塞进衣袋,这是非常不礼貌的。

(8)不要无意识地玩弄对方的名片。

(9)绝不要当场在对方的名片上写备忘事情。

(10)切记不要先于上司向对方递交名片。

(11)收取名片的一方如果备有名片,也应迅速递上自己的名片,若没有,则应该道歉。

(12)养成一个基本的习惯:会客前检查和确认名片夹内是否有足够的名片。

5. 尊者居后的介绍原则

(1)先将年轻者介绍给年长者。

(2)先将地位低者介绍给地位高者。

(3)先将客人介绍给主人。

(4)先将公司同事介绍给客户,将自己公司的同事介绍给别家公司同行。

(5)先将非官方人事介绍给官方人士。

(6)先将本国同事介绍给外籍同事。

(7)先将资历浅的介绍给资历深的。

(8)先将男士介绍给女士。

(9)先把迟到者介绍给早到者。

(10)先介绍时动作:手心向上,介绍时一般应站立,特殊情况下年长者和女士可除外,在宴会或会谈桌上可以不起立,微笑点头示意即可。

6. 引导规范(图2-10)

图2-10　引导规范

1)楼梯

电梯内没人时:在客人(上司)之前进入电梯,按住“开”的按钮,再请客人进入;到达目的地后,按住“开”的按钮,请客人先下。

电梯内有人时:

(1)无论上下都应客人(上司)优先。

(2)电梯内先上电梯的人应靠后面站,以免妨碍他人乘电梯。

(3)电梯内不可大声喧哗或嬉笑吵闹。

(4)电梯内已有很多人时,后进的人应面向电梯门站立。

2)走廊

(1)引领时,接待人员走在前面;否则让客户先行。

(2)若通道较窄,有客户或上级相对走来时,接待人员主动停下靠在一旁,面向对方,点头示意并请对方先行通过,切不可背朝对方。

(3)人行道的右侧内侧是安全的位置,陪同上级、客人外出,应将其让给上级、客人行走,自己则走在外侧。

3)办公室

(1)引导客户方位或引导观看时,手臂自然伸出,手心向上,四指并拢;使用与客户距离远的那支手臂。

(2)引导客户进出办公室,销售人员走在左前面引领。

4)客户下车

(1)主人应该在会见或者会谈开始前到达,并在门口前迎接客人。快步走到客户车门边,待客户收拾好随身物品、准备下车时,为客户打开车门。一手拉车门、一手挡住车门上框,以防客户磕碰。

(2)注意不要挡在客户的下车路线上。

(3)客户下车后,为客户轻轻关上车门。

5)引导客户入座

引导客户入座时,用手指示,为客户轻轻拉出并扶住椅子,遵照女士优先、长者优先原则。

7. 递送物品规范

1)饮料递送(图2-11)

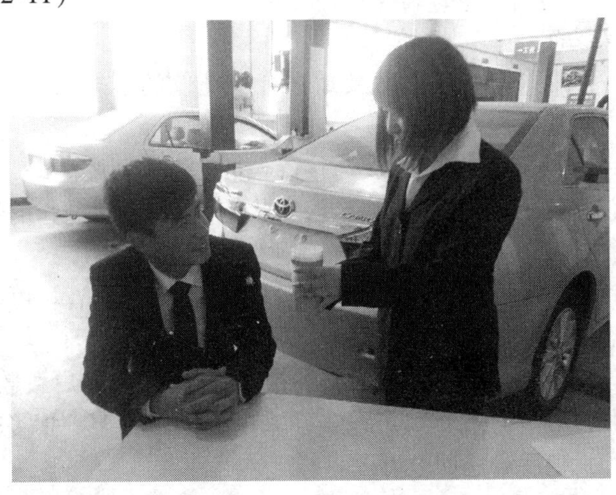

图2-11　饮料递送

(1)主动提供免费饮料服务并询问客户需求,如:“我们为您准备好的饮料有茶、咖啡、可乐和矿泉水,请问您喝点什么?”

(2)不要装得太满;使用托盘递送,托盘高度应靠近胸部一侧。

(3)递送饮料时,按逆时针方向将饮料放于客户的右手边,注意手指不要碰到客户的饮料杯边。

(4)将托盘正面朝外用左手托住,右手指示饮料请客户饮用,如:“您请慢用”,然后点头示意并退下。

(5)随时注意观察客户饮料是否需要添加,及时续杯。

2)文件资料递送

(1)文件资料须用双手递送,正面朝向客户,并作简要说明。

(2)不要在桌面上将资料推到客户面前。

(3)如有需要,帮助客户找到其关心的页面并作指引说明。

(4)递送的文件资料需经过整理。

8. 临时离开

(1)临时离开时,应向客户致歉并说明离开时间,如“真对不起,关于这个问题我得去请示一下我们经理,请您稍等一下,我大概五分钟后回来!”

(2)离开时间不能太久,尽量不要超过十分钟;如果离开的时间超过承诺的时间,应及时向客户说明并致歉。

(3)在自己离开的时间,应安排好客户等候期间的活动或请同事协助,避免让客户感觉被冷落或无事可做。如“您先喝杯咖啡,另外我们这里有些公司内部期刊,您可以先看一下。”

9. 告别客户

(1)当客人告辞时,应起身与客人握手道别。

(2)通常情况下,当客人正要离去时,向他们说一声:“谢谢您的光临。”

(3)需特别的送客,则带领客人到电梯前,替客人按钮,当客人进入电梯后,在门未关闭前,向客人告别。

(4)一般应陪同送至本公司楼下或大门口,待客人远去后再回公司。

(5)若是乘车离去的客人,则应该走至车前,接待人员帮客人拉开车门,待其上车后轻轻关门，挥手道别，目送其离去后再离开。

(6)微笑、挥手送别客户，至少保持5秒钟时间。

10. 手机使用礼仪规范

(1)在公共场合，手机没有被使用时，要放在合乎礼仪的常规位置：一是随身携带的公文包里；二是上衣的内袋里。

(2)不使用怪异或格调低下的铃音，要与接待人员的形象匹配。

(3)在接待或拜访客户时，要将手机调至振动状态，避免突然响起的铃声破坏刚与客户建立起来的良好沟通氛围。

(4)公共场合(如楼梯、电梯、路口、人行道等)，应把自己的声音尽可能地压低一些。

(5)不要一边与客户交谈，一边查看短信。

(6)在与客户交谈时如遇电话呼入而又必须接听时，应先向客户致歉，“对不起，我先接一个电话。”接听手机的时间应尽量简短，可以告知来电者稍后回复，如“您好！真对不起，我现在正在处理一些事情，我稍后给您回电可以吗?”

(7)平时与人共进工作餐(特别是自己做主人请客户时)也最好不打手机。如果有电话找自己，最好说一声“对不起”，然后去洗手间接，而且一定要简短，这是对对方的尊重。当着客人的面打电话，会使客人不知所措。

(8)如果自己正在开会、会客，不宜长谈，或另有电话打进来，需要中止通话时，应说明原因，告知对方：“一有空，我马上打电话给您!”

案例分析

【案例一】

茶水员：先生/女士您好！我是本公司的茶水员小王，我们为您提供了咖啡、可乐、绿茶、白水四种饮品。请问您喜欢饮用哪种饮品呢(人员较多时请一一询问)?

客户：可乐吧！

茶水员：好的，请您稍等。××先生/女士，这是您的可乐，请慢用。若您需要添加饮品的话，我随时都在展厅。

客户：好的，谢谢您！

茶水员：祝您周末愉快！/祝您购车愉快！/祝您选车愉快！

在汽车销售店，茶水往往会被忽视，成功的销售是由细节组成的。我们应注重此类细节。

【案例二】

有客人到访时，有时会要求叫外卖。此时，接待人员要听清楚上司的指示，即人数、地点、时间、食品的种类等要求；尤其是时间的掌握，不能太早，否则食品会变凉，但也不能太迟，令客人久等。向几间熟识的外卖店叫外卖较好，既方便又稳妥。当收到外卖的食品时，你负责派送给客人。准备筷子，换茶给客人。客人饮食完后，你应把握时机收拾干净。

礼仪贯穿于销售的每一个角落和每一个环节，接待人员要认真对待礼仪，按礼仪要求做好接待工作。

测试

【自检】

按照表2-2进行自我检查。

自 我 检 查 表 表 2-2

自查项目 \ 自查情况	了　解	做　到	完全做到
发型发式要求			
面部修饰			
着装要求			
站姿规范			
走姿规范			
坐姿规范			
蹲姿规范			

单元三　倾听技巧

任务一　倾听的基础知识

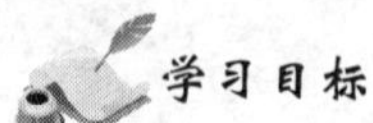
学习目标

知识目标：知道倾听的原则、5个层次；知晓有效倾听的4步骤。

能力目标：学会用心、耐心倾听。

素质目标：培养“耐心、专注、换位思考、自我学习”能力。

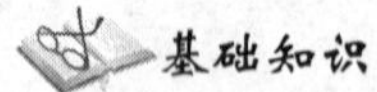
基础知识

一、倾听的概念

倾听是一种特殊形态的听，是一种情感的活动，是指沟通过程中接受者对表达者的言语信息的接受，以及加以认真、正确的理解和领会，是对话语信息的真实含义的准确把握。

倾听，不但可以帮助自己了解客户的内心世界、处境情况，而且可以显示我们对客户的重视，从而使其对我们产生信赖感。当然，也只有认真地倾听，才能听出客户的弦外之音，才能明了客户的深层欲望。

1. 倾听的分类

1）人主动参与的听

人必须对声音有所反应，在这个过程中人必须思考、接受、理解，并作出必要地反馈。

2）有视觉器官参与的听

有视觉器官参与，即理解在语言之外的手势、面部表情，特别是眼神和情感表达方式；倾听，即在对方讲话的过程中，听者通过视觉和听觉的同时作用，接受和理解对方的思想、信息及情感的过程。

2. 倾听的障碍

1）倾听环境的障碍

倾听场所的选择要考虑地理位置、光线明暗、空气流通、噪声大小和场所的背景颜色等多种因素。如果不选择一个良好的倾听环境，倾听过程中就会出现干扰信息的传递过程，使信息信号产生消减或歪曲——客观。如图3-1所示。

2）倾听者的障碍

不良的倾听环境将会影响倾听者的心境——主观，使得倾听者发现和吸收信息过程中粗心大意或不够专心等态度问题（用心不专、急于发言、消极的身体语言）。如图3-2所示。

图 3-1 倾听场所(客观)的障碍

图 3-2 倾听者心境(主观)的障碍

二、倾听的特点

倾听对他人是一种鼓励,可以改善说与听双方的关系;倾听还可以使你获取重要信息,拥有你需要的全部信息;倾听还可以掩盖你自身的弱点,调动人的积极性;倾听也可以使你更善言和更有力地说服对方。倾听有以下特点:

1. 受制性

倾听是在接受表达者的话语信息基础上进行的,对方说什么,就接受什么,然后才能加以理解,这个行动本身就体现出受制性。具体来说,倾听的受制性主要表现在以下三个方面。

(1)受制于表达者的说话特点。

(2)受制于特定的时间、地点和场合等。

(3)受制于表达者和接受者的交际地位。

2. 选择性

倾听者的选择性表现在以下三个方面:

(1)选择性接受:选择性接受主要表现为:乐意接受那些与自己已有观念一致的或自己需要和关心的信息,回避甚至抵制那些与自己固有观念相抵触、相矛盾或自己不感兴趣的信息。

(2)选择性理解:对同一个信息,不同的人可能有不同的理解,这种理解为接受者已有的观念、态度和信仰所制约,常常出现“仁者见仁、智者见智”的结果。

(3)选择性记忆:接受者往往选择那些希望得到的或愿意记住的信息来强化记忆,容易忘记自己不关心或不喜欢的事情。

3. 补正性

口语表达时,无论是交流思想、抒发感情还是传递信息,一般都带有不尽其言的“省略”性质。这种省略只能依靠接受者利用自己的理解、经验和知识来加以补正。补正使倾听得以延伸和扩展,从而更加周密、完整地接受信息。

三、倾听的原则

1. 适应讲话者的风格,尊重对方

倾听者要适应讲话者的风格,尊重对方。每个人通过讲话传递信息的时候,他说话的音量和语速是不一样的，你要尽可能适应他的讲话风格，尽可能接受他更多、更全面、更准确的信息。

倾听时，应以平等尊重的态度对待说话者，对话题要表现出感兴趣。尽可能创造良好的交谈气氛，注意鼓励对方开口讲话，激发对方交谈的兴趣，切不可盛气凌人、烦躁不安、挑剔苛求，甚至抵制拒绝。

2. 注意回应

在倾听说话者话语的内容的同时，注重与其保持交流。这主要表现为：

(1)对对方的话语作出积极的反应。如交流目光，相对而视；适当点头或做一些手势动作；也可伴以“嗯、对”等词语，以表示赞同、肯定、领悟，鼓励对方说下去。

(2)适当插嘴。其原则是有利于交谈顺利发展，进一步激发对方认真讲下去的兴趣，或者弄清所不理解的内容。遵守这一原则，就会避免出现乱插嘴的现象。

乱插嘴主要表现为：以不相关的问题打断对方的谈话；抢着替对方把观点或事情的经过讲完；因对方某些无关紧要的细节有疑问而打断对方。这些行为是不礼貌的，极易引起对方的反感。

3. 眼耳并用，用心倾听

倾听不仅仅用耳朵在听，还应该用你的眼睛去看。你耳朵听到的仅仅是一些话语内容信息，而眼睛看到的是他传递给你更多的一种思想和情感。

在倾听话语时，边听边想边整理归纳，掌握表达者陈述的客观事实和内容要点，分析其讲话的目的意图；在去粗取精的筛选、提炼和归纳的基础上，对讲话的内容作出预测。这样，就可以有的放矢地提出相应的问题，催促交谈向纵深展开。

4. 耐心静听

交谈中有时需要有足够的耐心，沉着冷静地听对方讲话，特别是其盛怒之下的愤懑发泄，咄咄逼人的质问，尖酸刻薄的挖苦，言辞激烈的数落，你不妨让他尽情宣泄，一吐为快，先容下他心中的不平，再伺机说服他。有才干的人常常在无形中消弭人与人之间的种种矛盾，往往便是借助了耐心静听这个法宝。

四、五种不同层次的倾听效果

在沟通倾听的过程中，因为我们每个人的倾听技巧不一样，所以看似普通的倾听却又分为五种不同层次的倾听效果。

1. 听而不闻

听而不闻的表现是不做任何努力，你可以从他的肢体语言看出，他的眼神没有与你交流，他可能会左顾右盼，他的身体也可能会倒向一边。听而不闻，意味着不可能有一个好的结果，当然更不可能达成一个协议。

2. 假装倾听

假装倾听就是要做出倾听的样子让对方看到，假装倾听的人会努力做出倾听的样子，他的身体大幅度地前倾，甚至用手托着下巴，实际上是没有听。

在工作中常有假装倾听现象的发生，例如：你与客户之间交谈的时候，客户有另外一种想法，出于礼貌他在假装倾听，其实他根本没有听进去；上下级在沟通的过程中，下级惧怕上级的权力，所以做出倾听的样子，实际上没有在意倾听。

3. 选择性的倾听

选择性的倾听，就是只听一部分内容，倾向于倾听所期望听到的内容，这也不是一个好的倾听。

4. 专注的倾听

专注的倾听就是认真地听讲话的内容，同时与自己的亲身经历作比较。

5. 设身处地的倾听

不仅是听，而且努力在理解对方所说的内容，站在对方的角度上去听，去理解对方，这才是真正的、设身处地的倾听。

设身处地的倾听是为了理解对方，多从对方的角度着想：他为什么要这么说？他这么说是为了表达什么样的信息、思想和情感？如果你的上级与你说话的过程中，他的身体却向后仰过去，那就证明他没有认真地与你沟通，不愿意与你沟通。当对方与你沟通的过程中，频繁地看手表或手机也说明对方现在想赶快结束这次沟通，你必须去理解对方：是否对方有急事？可以约好时间下次再谈，对方会非常感激你的通情达理，这样做将为你们的合作建立基础。

五、三个有效倾听的步骤

1. 倾听前，发出准备倾听的信息

首先，就是你给讲话者一个信号，给讲话者以充分的注意；其次，准备倾听与你不同的意见，从对方的角度想问题。

通常在听之前会与讲话者有一个眼神上的交流，显示你给予讲话者的充分注意，这就告诉对方：我准备好了，你可以说了。

2. 倾听时，采取积极的行为

积极的行为包括前面提到的，在对方说的时候频繁地点头，鼓励对方去说。那么，在倾听的过程中，也可以身体略微地前倾，显示一种积极的姿态，表示：你愿意去听，努力在听。同时，对方也会有更多的信息传递给你。此外，在倾听时要经常用眼神交流，不要东张西望，应该看着对方。

3. 倾听后，理解对方全部的信息

倾听的目的是为了理解对方讲话传递的全部信息。很多专业的沟通者都懂得在沟通的过程中要说、要听、要问。他们在说话之前都会说："在我讲的过程中，诸位若有不明白的地方则可以随时举手提问。"因此，在沟通的过程中，你如果没有听清楚、没有理解时，就应该及时告诉对方，请对方重复或者解释。这一点是我们在沟通过程中必须注意的。

案例分析

【案例一】

车主在购车后半年内屡次发生电瓶漏液事件，4S 店在进行检测之后连续替车主更换了三次电瓶。但第三次更换的电瓶还是发生漏液事件，当时漏液严重并导致电瓶支架和水槽腐蚀。4S 店委派了制造厂家的专业技师对该车进行检测，检测后发现漏液问题是由于客户在使用过程中不良操作导致的。但为了平息车主已经强烈不满的情绪，4S 店还是替客户更换了第 4 只电瓶，并向客户解释了导致该问题的原因。但该车主并不认可 4S 店的解释和所做出的让步，认为该车乃不吉利车，并且新车已经锈迹斑斑，坚决要求 4S 店换车或者退车。

从这个案例可以看出,该客户为支配型,该类型客户遇事容易固执己见,不听劝说。客户心理表现为发泄、尊重、补救、认同、表现、报复心理。应对此类客户的方法:首先表示理解客户,耐心劝说,力劝客户站在互相理解的角度解决问题;之后,根据产品或服务的特性解释所提供的处理方案。

图 3-3

【案例二】

2007 年年底,某客户购买的汽车发生变速箱故障。送入一家 4S 店进行维修时发现车辆曾经涉过水,导致变速箱漏油并渗水,需要客户自行承担维修费用。客户虽然自知车辆涉过水,但颇高的维修费用还是让他不快,修车过程中一直发牢骚。

从这个案例可以看出,该客户为友善型,客户心理表现为认同、发泄心理。对这类客户的应对方法:首先应该肯定,并对其反映问题应认真倾听并表示感谢;之后,告知我们的发展离不开广大现代用户的爱护与支持。如图 3-3 所示。

测试

【自检】

请对照表 3-1,看看你自己在倾听中是否遵循了倾听的步骤?查看沟通失败的原因是不是因为没有掌握倾听技巧?

非语言沟通能力测试表 表 3-1

倾听的步骤	检查要点	改进
倾听前,发出准备倾听的信息	□开放式态度 □准备倾听与你不同的意见 □从对方的角度着想 □显示你给予讲话者的充分注意 □若不想现在谈,提议其他时间	
倾听时,采取积极的行动	□先不要下定论 □注意(如延缓接听电话) □不要东张西望,注视着对方的眼睛 □有目的地倾听 □集中精神 □继续敞开思想 □不断反馈信息的内容	
倾听后,理解对方传递的全部信息	□没有理解 □想得到更多的信息 □想澄清 □想要对方重复或者解释 □已经理解	

任务二　倾听的技巧

知识目标：知道倾听的主要方法。

能力目标：学会用心去听、耐心倾听。

素质目标：注重"理解他人、服务意识"的培养。

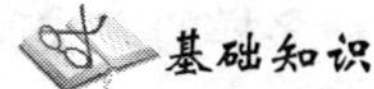

倾听的"听"字在繁体中文(聽)是听字里有一个"耳"字,说明听字是表示用耳朵去听的;听字的下面还有一个"心"字,说明倾听时要用"心"去听;听字里还有一个"目"字,说明你听时应看着别人的眼睛去听;在"耳"的旁边还有一个"王"字,"王"字代表把说话的那个人当成是帝王来对待。

从听字的繁体结构的表意中可以看出,倾听时不仅要用"耳朵",还要用"心"、用"眼睛",更重要的是要把你对面的那个人当成是帝王,充分地去尊重他(图3-4)。

一、倾听能力的概念

图　3-4

倾听能力由听力和听才构成。听力是一种生理机能,指能够听清楚话语,听力主要用于听事实。听才是建立在听力基础上的一种生理机能及由此产生的一种智能,是对听力这种生理机能所接受到的信息的理解和领会,是对话语信息的真实含义的准确把握;听才主要用于听情感:对方的感受是什么,需不需要给予回应等。

例如,A对B说:"我昨天在汽车4S店看中一辆特别酷的跑车,决定把它买下来。"B说:"哦,是吗？在哪儿呢？恭喜你呀。"A看中了自己心仪的汽车,想买下来,这是一个事实,B问汽车是哪个牌子的,这是对事实的关注,"恭喜你"就是对A的情感关注。

A把事实告诉B,是因为他渴望B与他共同分享他的喜悦和欢乐,而作为B,应对这种情感去加以肯定。对于服务代表而言,就是运用倾听的技巧,通过你的面部表情、肢体语言,给予客户恰当的及时回应。又如,客服人员对客户说:"现在你就是这方面的专家,你真的是很内行。"这就是对客户的一种情感的关注。而在这种关注之前,服务代表在听到客户谈话时应该分辨出哪些是情感的部分,哪些是事实的部分。

二、倾听能力的具体表现

1. 听明隐含的意图

所谓意图是指希望达到某种目的的打算。交谈时,倾听是一个思维过程,要求具有较高的敏锐性,抓住对方话语的要点,弄清其话语意图。这主要表现在:善于将零乱的无条理的话语理清头绪,善于将平铺直叙的话语分清主次,善于从整个话语中悟出要旨。只有这样,才能判断对方说话的目的,才能明确对方话语的含义,做到知己知彼、进退自如。

2. 听出言外之意

言语表达可分为显性和隐性两种。显性言语表达的意义直接由词汇和语法关系表现出来,明话明说,一听就懂;隐性言语表达则是从特定语境里引申出来的一种意义。这种意义不是通过词汇和语法表达出来的,而是靠听话人对自然环境、社会环境、心理环境、语言环境,即说话时所处的时间、地点、背景等特定条件的掌握去理解。隐性言语是"言在此、意在彼"的言语行为。

在人际交往中,显性和隐性两种口语表达行为经常交替甚至交织、交融在一起,因而接受者要特别注意分辨,尤其要注意听明隐性表达的言外之意。

言外之意,主要是运用委婉说法表达的,诸如双关、反语、婉曲、讽喻等多种多样的方式。因此,一定要根据对方的话语信息特点、语调和神态等作出合理的分析、揣摩、探求,理解出言外之意。

3. 听清隐藏的契机

所谓契机是指事物转化的关键。

例如,一位师范大学政治系毕业生谋职于她所向往的一所文科中专学校,由于学校不缺政治教师,很快遭到谢绝。这位学生不死心,继而向领导探询该校有关师资情况,交谈中,他听出该校缺历史教师,便抓住这一契机向校领导"进攻"。他说:"政史不分家,我自幼偏爱历史,虽不是历史系毕业,但自学和选修了历史专业的诸多课程,且有一定研究,在大学学报上曾发表过历史专业论文。如果学校需要历史教师我同样可以胜任,必要时还能兼任政治课的教学工作。"一席话抓住了那似已逝去的契机,通过考察,她终于如愿以偿。

4. 听懂职业语言

所谓职业语言是指个人在从事某项专门工作时的习惯用语。交谈中,听话时要注意职业语言的特点,了解它的特定含义。

听的艺术就在于透过语言的表面,了解说话人的深层心理以及他们的感情、立场和观点。听话的时候,要结合场合和对象。

三、主动倾听技巧的内容

主动倾听技巧的内容及范例,如表 3-2 所示。

主动倾听技巧的内容及范例 表 3-2

序号	主动倾听技巧的内容	范 例
1	倾听时,表现专注的态度:以姿势表示您专心倾听顾客的谈话,让顾客放轻松,并让顾客继续谈话	"真的呀?" "是的。" "当然。"
2	倾听时,表现认同的态度,让顾客放轻松,并可赢得顾客的信任	"××小姐/先生,我可以了解开新车的感觉!" "好漂亮的车子喔,您保养得真好!" "真是太可怕了!" "我完全了解您的处境。"

续上表

序号	主动倾听技巧的内容	范　例
3	倾听中适时提出问题，确认细节以清楚了解顾客的想法和打算	(1)开放式问题： “您第一次听到这种杂音是在什么时候?” “您可以更详细地说明吗?” “您何时发现这个问题的?” (2)封闭式问题： “早上是否不太好发动?”
4	倾听后，理清问题，确定您和顾客的理解是否正确	“这种杂音是否大约在一周前开始的?” “换句话说，×××。对吗?”
5	倾听后，总结内容：总结顾客谈话重点，并确认您和顾客已取得共识	“您目前提出3个问题。包括……” “归纳您刚刚提到的问题是……。对吗?”
6	交谈中，适时进行非语言沟通	(1)点头示意； (2)目光接触； (3)适宜的脸部表情

四、提升倾听能力的技巧

1. 永远都不要打断客户的谈话

可以这样说，在这个世界上就应该没有一个人说我喜欢或习惯打断别人的谈话。很多时候一些人的倾听能力是很差的，他们都不是无意打断，而是有意识地打断对方的谈话。

无意识的打断是可以接受的，但也应该尽量避免；有意识的打断是非常不礼貌的，是绝对不允许的。

2. 清楚地听出对方的谈话重点

当你与对方谈话时，如果对方正确地理解了你谈话中的意思，你一定会很高兴。至少他知道，你成功地完成了我们上边所说的“听事实”的层面。

能清楚地听出对方的谈话重点，也是一种能力。因为并不是所有人都能清楚地表达自己的想法，特别是在心怀不满，受情绪的影响的时候，经常会有类似于“语无伦次”的情况出现。而且，除了排除外界的干扰，专心致志地倾听以外，你还要排除对方的说话方式给你的干扰，不要只把注意力放在说话人的咬舌、口吃、地方口音、语法错误或“嗯”、“啊”等习惯用语上面。

3. 适时地表达自己的意见

谈话必须有来有往，所以要在不打断对方谈话的原则下，也应适时地表达自己的意见，这是正确的谈话方式。这样做还可以让对方感受到，你始终都在注意地听，而且听明白了。还有一个效果就是可以避免你走神或疲惫。

4. 肯定对方的谈话价值

在谈话时，即使是一个小小的价值，如果能得到肯定，讲话者的内心也会很高兴的，同时对肯定他的人必然产生好感。因此，在谈话中，一定要用心地去找对方的价值，并加以积极的肯定和赞美，这是获得对方好感的一大绝招。比如对方说：“我们现在确实比较忙”，你可以回答：“您坐在这样的领导位子上，肯定很辛苦。”

5. 配合表情和恰当的肢体语言

当你与人交谈时对对方活动的关心与否直接反映在你的脸上，所以你无异于是他的一面镜子。光用嘴说话还难以造成气势,所以必须配合恰当的表情,用嘴、手、眼、心灵等各个器官去说话。但要牢记切不可过度地卖弄,如过于丰富的面部表情、手舞足蹈、拍大腿、拍桌子等。

6. 避免虚假的反应

在对方没有表达完自己的意见和观点之前,不要做出比如“好!我知道了”、“我明白了”、“我清楚了”等反应。这样空洞的答复只会阻止你去认真倾听客户的讲话或阻止了客户的进一步的解释。

在客户看来,这种反应等于在说“行了,别再啰唆了”。如果你恰好在他要表达关键意思前打断了他,被惹恼了的客户可能会大声反抗:“你知道什么?”那就很不愉快了。

案例分析

【案例一】

一个客户的车在三个月前到4S店里做了保养,换了机油。根据客户档案资料,我们发现这个车的保养已经过了三个月,所以就打电话去跟客户预约,要他回来再做第二次保养。这时候客户表示反对,他告诉我们:“自从那天做了保养以后,我就把车停在家里没用。因为我到别处去了,所以我觉得没有必要再去做保养。”

客户类型:友善型、情感型、支配型、控制型。

客户心理:发泄、尊重、补救、认同、表现、报复心理。

应对方法:必须跟他说清楚机油的性质,说机油存放三个月的话就会变质,会吸收空气中的一些湿气,会氧化。如果不更换的话,会对它的机件造成很大的影响和有很多的坏处。

应对话术:

用户:“定期保养有必要按厂家(说明书)的要求做吗?”

服务顾问:“保养非常重要,必须定期做!它可以延长发动机和车辆的使用寿命,比如:车辆行驶一定里程后,空滤会变脏,影响进气质量,就会损害发动机。”

用户:“保养就是换换机油、滤芯什么的吧?”

服务顾问:“保养可远不止这些,还包含几十项的检测和调试呢,在保养过程中会及时发现和解决车辆的隐患问题或不良状态,避免有些项目未来的大拆大卸,节省车辆的维修费用。重要的是保养能维持车辆良好的驾驶性能和安全性,生命安全可是最重要的啊!”

用户:“噢,保养是花今天的钱,省明天的钱!”

服务顾问:“还有,在二手车置换的时候,定期保养可以使车辆增值呢……”

【案例二】

有位客户在电话里吼道:“你们的服务热线总是打了没人接,是不是人都死光光了。”

客户类型:友善型、情感型、支配型、控制型。

客户心理:发泄、尊重、补救、认同、表现、报复心理。

应对方法:客户表述问题的方式虽然有点难以接受,但“良药苦口”。对于客户投诉客服热线没人接电话的问题应回答:“没有啊!我们每天24小时都有工作人员值守啊,即使是下班后也有专人负责的。”

技巧1:在不了解问题的情况下,作出这样的解析没有什么不对。

用户:“怎么不会,我昨天下午连续打了三次,都是无人应答,这让我非常生气。”

用户此话进一步说明:客户再次证实他指出的问题的正确性。

服务顾问:“赵先生,实在对不起,不管是哪个环节出了问题,我都代表公司非常感谢您给我们提出这么好的意见！我将会落实一下为什么我们有这么严格的制度却还有这样的情况发生。”

服务顾问这番话的技巧：表达出对客户意见的关注和重视，而且如果以代表公司的口吻表达的话，更能让客户尊重与他们打交道的企业。同时，承诺客户会尽快落实，更是一种负责任的态度。

（情况落实以后，电话中）

服务顾问：“您好，赵先生，再次向您表达我们的歉意。经过我们的核查，发现电话系统出了点故障，让您多次打电话也没有联系上我们。虽然这是电话设备的故障，但我们保证今后会从制度上解决这些偶然情况的发生。再次谢谢您的宝贵意见！以后如果有发现我们做得不好的地方，请不要顾及我们的脸面直接向我们反映，我会第一时间处理的。非常感谢！”

技巧2：一旦落实了情况，就要马上向提出投诉的客户反馈处理的意见，不论是设备还是人员的问题，应该把处理的结果真实地告诉客户，求得他们的认同与理解。对于客户而言，会让他们觉得您是一个负责任的专业人士，你的公司是一个可敬的、值得信赖的企业。只有这样，才能不断赢得客户的认同，并通过这些客户的口碑不断扩大企业的影响，最终提升销量和业绩。

用户听到上述电话后，说：“不要客气，我的气话你们就别当回事。通过你讲述的那些情况，说明你们公司是负责任的公司，今后我会介绍更多的朋友来买车和接受服务。”

至此说明：在客户表达了“不要客气”的后面，其实就包括了客户的信任及他们未来对企业的付出，这是企业获利的基础，必须倍加珍惜。

服务顾问：“那就太谢谢您了，赵先生，请常来我们公司坐坐！”

用户：“好的。再见！”

此次交谈成功的法则：成功的企业都在鼓励客户投诉！因为勇于且善于投诉的客户才是真正的好客户，只要他们投诉的问题能够得到圆满解决，那么他们将是我们可以依靠的编外销售精英。

测试

【自检】

以下是关于倾听技巧的一些看法，请你判断出它们各自的对错，并在题后括号内划“✓”或“×”。

（1）我们自然而然地学习倾听，训练没有必要。（　　）

（2）有效的倾听是一种技巧，掌握这种技巧对我们大多数人来说都是比较困难的，因此练习和训练能帮助我们提高倾听的能力。（　　）

（3）倾听的能力取决于智力。（　　）

（4）智力与倾听技巧之间没有联系。（　　）

（5）倾听的能力与听力密切相关。（　　）

（6）听力是一种生理现象，它与我们所讲的倾听能力几乎没有关系。事实上，听力下降的人却能常常成为非常有效的倾听者。（　　）

（7）一般来说，大多数的人都能边听边阅读。（　　）

（8）边听边阅读这种技巧很少有人能有效地应用。（　　）

（9）在大多数情况下，我们都能善于倾听。（　　）

（10）大多数人都需要提高倾听技巧。（　　）

任务三　倾听与提问技巧

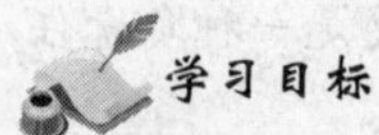

知识目标：知晓倾听的主要方法。

能力目标：学会用心去听且能耐心倾听。

素质目标：注重“理解他人、服务意识”的培养。

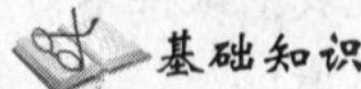

沟通是双向的，我们并不是单纯地向别人灌输自己的思想，我们还应该学会积极的倾听。倾听的能力是一种艺术，也是一种技巧。

然而，如今紧张的生活节奏、激烈的社会竞争及由此带来的精神压力，已经使人们失去了耐心倾听别人诉说的从容，更喜欢自我表白，把别人当作是宣泄情绪和语言的对象，而不是彼此理解、沟通的伙伴。因此，对话就常常成了一个人的独白，无形中剥夺了他人参与对话，从对话中获得满足、理解、肯定的权利，也失去了通过倾听了解别人、释放善意、建立友谊的机会。

一、有效倾听的建议

1. 友好态度，同理心，建立信任

同理心就是要站在客户的立场，从客户的角度出发来考虑问题。

一定要站在客户的立场上去表达同理心。

(1)不要太急于表达，以免让对方以为你是在故意讨好他。

(2)说话时要将自己的面部表情和动作及时地与言谈互相配合。

2. 积极投入

(1)采取开放式姿态

要注意表现出谦恭的姿态，不能在交谈时跷二郎腿或双手抱胸。

(2)开放的兴趣观与心态

“如果他们讲得没兴趣，就不要指望我听！”这种说法不妥！我们在倾听时应摆正心态，抱着开放的兴趣观。同时还要消除成见，忽略谈话者的外表和举止，认真倾听。还必须做到不要随意打断对方的谈话，也不要过早地对谈话的观点下结论。

3. 多加理解

(1)神情专注，全面倾听。

(2)悟出言外之意，判断语言信息与非语言信息是否一致、分析谈话者背景、出发点。

(3)明确倾听目的，倾听主要观点。

4. 要有积极的回应

点头，微笑，神情专注，用简单肯定或赞美的词语适当地插话。

5. 避免倾听失误——反馈

(1)确认。在客户讲话过程中，可能会有一些词语你没有听清，也可能有一些专业术语你不懂，这就特别需要向客户进行确认，进一步明确客户所讲的内容。

(2)澄清。对容易产生歧义的地方,要及时地与对方沟通,以便充分了解客户的真正想法。客户说的某一句话可能存在着两种或多种理解,如果自以为是,只按照自己的好恶去理解,就必然容易产生误解,所以此时一定要及时地与客户进行交流,澄清事实。

6. 记笔记

认清说话的模式、记笔记。

案例分析

【案例】

小周是一名汽车4S店销售员,在进行销售接待工作之前,他做了一些简单的准备工作。他接待客户的程序是:开门见山,报自己的名字和职务、介绍本公司的产品。与客户交谈的过程中,小周很积极踊跃,抓住机会滔滔不绝地介绍产品,因为他认为机不可失,时不再来,要抓住机会多作介绍。但是多次之后,小周很苦恼,在交谈过程中,新客户不是避而不谈就是在面谈二、三分钟后表露出不耐烦的情形,导致销售失败。

请分析小周为何总会失败?如果是你,你会如何去做?

二、提问技巧

1. 开放式提问(图3-5)

开放式的探询类型:
★ What(问什么?)
★ Who(问谁?)
★ Why(为什么?)
★ Where(在哪儿?)
★ When(何时?)
★ How(如何?)

您通常首选什么款式的汽车?
请问谁经常开这部车呢?
为什么选择我们公司的产品啦?
什么时候打算提车啦?
我公司这款汽车性能如何?

图 3-5

开放式提问,其探询类型及其优缺点如下所述。

1)好处

(1)避免自以为是,有利于气氛的和谐。

(2)可获得足够的信息。

(3)让对方觉得在主导谈话,给对方制造参与感。

(4)有利于打破尴尬局面。

2)不足

(1)需要更长的时间,易走题。

(2)要求对方参与,在对方不愿意参与的情况下会面临僵局。

(3)加以引导,有效把握。

2. 封闭式提问——锁定答复时(图3-6)

采用封闭式提问,是为了用来锁定对方意图;或用来确认听到的情况是否正确。封闭式提问,其探询类型及优缺点如下所述。

图 3-6

1)好处

(1)很快了解对方的想法。

(2)可用来锁定对方的意图。

2)不足

(1)获取的信息有限,需要问很多的问题才能够了解情况。

(2)容易自以为是。

(3)容易制造负面气氛,使顾客产生紧张情绪。

(4)控制频率,注意语气,选择合适时机使用。

倾听过程中,如果我们需要了解客户期望就应该采用开放式提问;如果需要确定客户现状或进行异议原因处理,探寻顾客目前担忧的或者是疑虑的原因,需要确认理解、达成一致就应采用封闭式提问。

3.提问的几个小技巧

1)前奏

前奏即可告诉客户,回答你的问题是必要的或至少是没有坏处的。例如:

"为了给您推荐一个最适合的方案,我想知道这个项目大概的投资水平在怎样的范围内呢?"

"因为要给您开具发票,麻烦您告诉我一下您的单位可以吗?"

"为了能更好地解决问题,请你再具体描述一下当时的情境可以吗?"

2)反问

如果客户向你提出的问题而你却不知道怎样回答,这时你有两种方式可以选择:

(1)实事求是,切忌不懂装懂;

(2)反过来提问客户,让客户说出他是怎样看待这个问题的,这通常就是他希望得到的回答,你也就正好可以据此投其所好了。例如:

"那您是怎么看呢?"

"那您一般会怎样处理这种问题呢?"

"那您一般会怎样去选择产品呢?"

3)引导

这类提问的答案应该是什么或面谈者期望回答什么是十分明确,面谈者实际是在"引导"被问者。例如:

"你不认为近来天气糟透了吗?"

"你不认为这是一个好主意吗?"。

过分地或轻率地使用引导式提问,可能使被问者由于有较明了的标准答案而感受到沉重的压力或受到攻击。例如:

"你在学校学得不怎么样,是吗?"

4)另有用意

有时在提问中使用表明感情的词暗示面谈者想要得到的答案。例如:

"你认为我们应该接受这个疯狂的想法吗?"

当面谈者想了解被问者抗拒引导的能力和坚持自己观点的程度时,可进行压力测试。

5)沉默

如果在通话过程中出现了长时间的沉默,这当然会造成很尴尬的局面。但是适当的沉默也是十分必要的。例如:向客户提问后,保持一小段时间的沉默,正好能给客户提供一次必要的思考的时间。

此外,还应注意两点:一是学会运用鼓励性沉默;二是交谈中沉默和插话要适当结合使用。

6)注意事项

要把握好恰当的提问时机,做到如下“五个适度”,即提问的内容要适度;提问的数量要适度;提问的速度要适度;提问的语气要适度;提问的方式要适度。还必须做到:同一时间最好只问一个问题。

案例分析

【案例】

一个维修接待员,他提议客户更换后面的倒车防撞装置,客户说他不会在这里买,原因是4S店卖得太贵。

客户类型:友善型、情感型、支配型、控制型

客户心理:发泄、尊重、补救、认同、表现、报复心理

应对话术:问他以前是多少钱买的?他说他买的是300多块的。这个维修接待员接着就问他:“你使用的是不是只有单个传感器?并不像人家的车旁边还有传感器的那种防撞装置?”他说是的。“那么,你在倒车时,有没有发现你的车所撞到的地方都是在后面的角落上?”接待员又问。客户说是。“那好,你是否听过有一种三个传感器的装置,其中有两个是在后面的角落,它能够侦测到将要撞到物品的距离?”客户说是的。接待员就说:“好,如果是这样的话,它对你的车的保护是不是更好?”客户依然说是的。“因此,它会稍微贵一点对吗?”客户连连点头说:“你们的倒车防撞装置卖得贵,有贵的道理。听了你们的解释,我决定在你们店里购买。”

测试

【自检】

以下是关于倾听技巧的一些看法,请你判断出它们各自的对错,并在题后括号内划“√”或“×”。

(1)所听即所言。 (　)

(2)所听经常非所言。 (　)

(3)倾听是一种被动行为。 (　)

(4)倾听是一种主动行为。倾听需要我们参与和投入其中。 (　)

(5)性格对倾听能力基本没有影响。 (　)

(6)性格对倾听能力有重要的影响。 (　)

(7)倾听是通过耳朵来完成的。 (　)

(8)有效的倾听是通过整个身体完成的。正确的目光接触和身体姿势有助于倾听。 (　)

(9)倾听注重内容第一、感情第二。 (　)

(10)感情常常比语言本身更重要。我们必须寻找语言信息表露出的感情,它们常常是更真实的信息。 (　)

单元四　客户投诉处理技巧

任务一　了解客户抱怨投诉

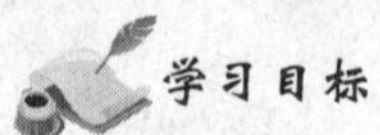

知识目标：了解客户抱怨与投诉的含义及其区别。

能力目标：学会分析抱怨与投诉产生的原因。

素质目标：独立思考、忍耐、宽容、体谅能力的培养。

一、客户抱怨

1. 含义

顾客对产品或服务的不满和责难叫作顾客抱怨。顾客的抱怨行为是由对产品或服务的不满意而引起的，所以抱怨行为是不满意的具体的行为反应。顾客对服务或产品的抱怨，即意味着经营者提供的产品或服务没达到他的期望、没满足他的需求。另一方面，也表示顾客仍旧对经营者具有期待，希望能改善服务水平。客户抱怨的目的，就是为了挽回经济上的损失，恢复自我形象。

顾客抱怨可分为私人行为和公开行为。私人行为包括此后回避重新购买或再不购买该品牌、不再光顾该商店、说该品牌或该商店的坏话等；公开行为包括向商店或制造企业、政府有关机构投诉、要求赔偿。

2. 处理的意义

过去，在经营者的观念中顾客一抱怨，经营者就总是认为他们在找麻烦，而且只认识到了抱怨给经营者带来的负面影响。但实际上这种观念是偏颇的。从某种角度来看，顾客的抱怨实际上是企业改进工作、提高顾客满意度的机会。建立顾客的忠诚度是现代企业维持顾客关系的重要手段，对于顾客的不满与抱怨，应采取积极的态度来处理。消费者的抱怨，对于服务、产品或者沟通等原因所带来的失误进行及时补救，能够帮助企业重新建立信誉，提高顾客满意度，维持顾客的忠诚度。

1）提高企业美誉度

顾客抱怨发生后，尤其是公开的抱怨行为，企业的知名度会大大提高，企业的社会影响的广度、深度也不同程度地扩展。但不同的处理方式，直接影响着企业的形象和美誉度的发展趋势。在积极的引导下，企业美誉度往往会经过一段时间下降后重新发展而得到迅速提高，有的甚至直线上升；而消极的态度，听之任之，予以隐瞒，与公众不合作，企业形象美誉度就会随知名度的扩大而迅速下降。

2)提高顾客忠诚度

有研究发现,提出抱怨的顾客,若问题获得圆满解决,其忠诚度会比从来没遇到问题的顾客要来得高。因此,顾客的抱怨并不可怕,可怕的是不能有效地化解抱怨,最终导致顾客的离去。反而,若没有顾客的抱怨,倒是有些不对劲。哈佛大学的李维特教授曾说过这样一段话:“与顾客之间的关系走下坡路的一个信号就是顾客不抱怨了。”

美国一家著名的消费者调查公司 TRAP 公司曾进行过一次“在美国的消费者抱怨处理”的调查,并对调查结果进行了计量分析,以期发现顾客抱怨与再度购买率、品牌忠诚度等参量之间的关系。

从顾客抱怨处理的结果来看:顾客抱怨可能给经营者带来的利益,是顾客对经营者就抱怨处理的结果感到满意,从而继续购买经营者的产品或服务而给经营者带来的利益,即因顾客忠诚度的提高而获得的利益。

TRAP 公司的研究结果表明:对于所购买的产品或服务持不满态度的顾客,提出抱怨但却对经营者处理抱怨的结果感到满意的顾客,其忠诚度要比那些感到不满意但却未采取任何行动的人好得多。具体来说,他们的研究结果显示,在可能损失的 1~5 美元的低额购买中,提出顾客抱怨但却对经营者的处理感到满意的人,其再度购买比例达到 70%。而那些感到不满意却也没有采取任何行动的人,其再度购买的比例只有 36.8%。而当可能损失在 100 美元以上时,提出顾客抱怨但却对经营者的处理感到满意的人,再度购买率可达 54.3%;但那些感到不满意却也没有采取任何行动的人,其再度购买率却只有 9.5%。这一研究结果,一方面反映了对顾客抱怨的正确处理可以增加顾客的忠诚度,可以保护乃至增加经营者的利益;另一方面也折射出这样一个事实:要减少顾客的不满意,必须妥善地化解顾客的抱怨。

另有研究表明,一个顾客的抱怨代表着另有 25 个没说出口的顾客的心声,对于许多顾客来讲,他们认为与其抱怨,不如取消或减少与经营者的交易量。这一数字更加显示出了正确、妥善化解顾客抱怨的重要意义,只有尽量地化解顾客的抱怨,才能维持乃至增加顾客的忠诚度,保持和提高顾客的满意度。

3)顾客抱怨是企业的“治病良药”

企业成功需要顾客的抱怨。顾客抱怨表面上让企业员工不好受,实际上给企业的经营敲响警钟,在工作的什么地方存在隐患,解除隐患便能赢得更多的顾客。同时保留着忠诚的顾客,他们有着“不打不成交”的经历,他们不仅是顾客,还是企业的亲密朋友,善意的监视、批评、表扬,表现出他们特别的关注和关心企业的变化。如此来看,顾客对不满而产生抱怨不是极好的事吗? 对企业应是求之不得的好事。

如果企业换一个角度来思考,实实在在地把顾客抱怨当作是一份礼物,那么企业就能充分利用顾客的抱怨所传达的信息,把企业的事业做大。对企业来讲,顾客的不满唾手可得,但作为来自顾客及市场方面的资讯源,顾客的不满并没有得到充分利用。其实顾客的不满是企业改善服务的基础。企业成功必须真诚地欢迎那些提出不满的顾客,并使顾客乐意将宝贵的意见和建议送上门来。

二、客户投诉

1. 含义

客户投诉,是指消费者为生活消费需要购买、使用商品或者接受服务,与经营者之间发生消费者权益争议后，请求消费者权益保护组织调解，要求保护其合法权益的行为。

2. 处理的意义

客户投诉是每一个企业都会遇到的问题，它是顾客对企业管理和服务不满的表达方式，也是企业有价值的信息来源，它为企业创造了许多机会。因此，如何利用处理顾客投诉的时机而赢得顾客的信任，把顾客的不满转化为顾客满意，锁定他们对企业和产品的忠诚，获得竞争优势，已成为企业营销实践的重要内容之一。

1）阻止顾客流失

现代市场竞争的实质就是一场争夺顾客资源的竞争，但由于种种原因，企业提供的产品或服务会不可避免地低于顾客期望，造成顾客不满意，因此顾客投诉是不可避免的。向企业投诉的顾客一方面要寻求公平的解决方案，另一方面说明他们并没有对企业绝望，希望再给企业一次机会。美国运通公司的一位前执行总裁认为："一位不满意的顾客是一次机遇。"

相关研究进一步发现，50% ~70% 的投诉顾客，如果投诉得到解决，他们还会再次与公司做生意；如果投诉得到快速解决，这一比重上升到 92%。因此，顾客投诉为企业提供了恢复顾客满意的最直接的补救机会，鼓励不满顾客投诉并妥善处理，能够阻止顾客流失。

2）减少负面影响

不满意的顾客不但会终止购买企业的产品或服务，而转向企业的竞争对手，而且还会向他人诉说自己的不满，给企业带来非常不利的口碑传播。据研究发现：一个不满意的顾客会把他们的经历告诉其他至少 9 名顾客，其中 13% 的不满顾客会告诉另外的 20 多个人。研究还表明，公开的攻击会比不公开的攻击获得更多的满足。一位顾客在互联网宣泄自己的不满时写道："只需要 5 分钟，我就向数以千计的顾客讲述了自己的遭遇，这就是对厂家最好的报复……"

但是，如果企业能够鼓励顾客在产生不满时，向企业投诉，为顾客们提供直接宣泄机会，使顾客不满和宣泄处于企业控制之下，就能减少顾客找替代性满足和向他人诉说的机会。许多投诉案例表明，顾客投诉如果能够得到迅速、圆满的解决，顾客的满意度就会大幅度提高，顾客大都会比失误发生之前具有更高的忠诚度。不仅如此，这些满意而归的投诉者，有的还会成为企业义务宣传者，即通过这些顾客良好的口碑鼓动其他顾客也购买企业产品。

3）免费的市场信息

投诉是联系顾客和企业的一条纽带，它能为企业提供许多有益的信息。丹麦的一家咨询公司的主席 Claus. Moller 说："我们相信顾客的抱怨是珍贵的礼物。我们认为顾客不厌其烦地提出抱怨、投诉，是把我们在服务或产品上的疏忽之处告诉我们。如果我们把这些意见和建议汇总成一套行动纲领，就能更好地满足顾客的需求。"研究表明，大量的工业品的新产品构思来源于用户需要，顾客投诉一方面有利于纠正企业营销过程中的问题与失误；另一方面还可能反映企业产品和服务所不能满足的顾客需要，仔细研究这些需要，可以帮助企业开拓新市场。

从这个意义上讲，顾客投诉实际上是常常被企业忽视的一个非常有价值且免费的市场研究信息来源；顾客的投诉往往比顾客的赞美对企业的帮助更大，因为投诉表明企业还能够比现在做得更好。

4）预警危机

一些研究表明，顾客在每 4 次购买中会有 1 次不满意，而只有 5% 以下的不满意的顾客会投诉。所以如若将公司不满的顾客比喻为一座冰山的话，投诉的顾客则仅是冰山一角，不满顾客这个冰山的体积和形状隐藏在表面上看起来平静的海面之下，只有当公司这艘大船撞上冰山后才会显露出来，如果在碰撞之后企业才想到补救，往往为时已晚。所以，企业要珍惜顾客的投诉,正是这些线索为企业发现自身问题提供了可能。

例如,从收到的投诉书中发现产品的严重质量问题,而收回产品的行为表面看来损害了企业的短期效益,但是避免了产品可能给顾客带来的重大伤害以及随之而来的严重局面,即企业与顾客产生纠纷。事实上,很多的企业正是从投诉中提前发现严重的问题,然后进行改善,从而避免了更大的危机。

三、抱怨与投诉的区别与联系

1. 抱怨与投诉的实质

表象:即客户对商品或服务的不满与责难。

实质:客户对产品、企业或个人信赖度与期待度的体现,实质也就是产品、企业或个人的弱点所在。

2. 抱怨与投诉的界定

不满:潜在的诉求——萌芽阶段;

抱怨:显现的诉求——可控阶段;

投诉:爆发的诉求——不可控阶段。

找上门来只是最终投诉的结果,实际上投诉之前就已经产生了潜在化的抱怨,即产品或者服务存在某种缺陷。潜在的抱怨随着时间推移就会逐渐地变成显在化抱怨,而显在化抱怨即将转化为投诉。比如,某客户购买了一部手机,老掉线,这时还没有想到去投诉,但随着手机问题所带来的麻烦越来越多,就变成显在化抱怨,显在化抱怨变成了潜在投诉,最终看到的是投诉。如图 4-1 所示。

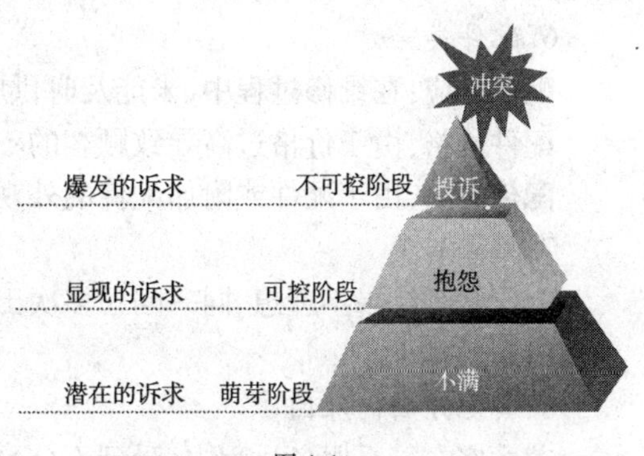

图 4-1

四、抱怨与投诉产生的主要原因

1. 产品品质不良

良好的产品质量是顾客塑造满意度的直接因素,对于服务这种无形产品也是这样。对于服务的质量评估不但贯穿了顾客在从进入到走出服务系统的全部经历过程,还会延伸到顾客对服务所产生的物质实据的使用过程中。如一个顾客在超市选购商品,一方面,能不能在超市中以合适的价格顺利地买到质量合格的商品是决定顾客是否满意的主要判断标准;另一方面,即使商品的质量没有问题,但如果在使用的过程中,顾客发现使用该商品得到的效果并不是像他自己想象的那样,他也会对整个超市的服务产生不满,进而产生抱怨。

2. 服务质量不良

服务是一种经历,在服务系统中的顾客满意与不满意,往往取决于某一个接触的瞬间。如服务人员对顾客的询问不理会或回答语气不耐烦、敷衍、出言不逊;结算错误;让顾客等待时间过长;公共环境卫生状态不佳;安全管理不当,店内音响声音过大;对服务制度如营业时间、商品退换、售后服务以及各种惩罚规则等,都是造成顾客不满、产生抱怨的原因。

3. 承诺不能兑现

"服务承诺"是影响用户满意度的重要因素,与服务态度一样,是用户的最直接感受。兑现承诺和良好的服务态度往往会在很大程度上提高用户满意度。

在承诺不能兑现这方面的具体表现有如下几点：

(1)服务态度：服务人员不够热情，说明解释工作不清楚，缺乏耐心。

(2)时间等待过长：长时间无服务人员接待、长时间未安排维修、长时间等待结算等。

(3)服务承诺没有履行：未按约定时间交车、结算金额超出预期、未使用原厂配件、未按客户要求作业等。

(4)售后索赔：由于索赔条件未明确沟通导致承诺不能兑现等。

4. 客户期望过高

服务企业对顾客期望值管理失误，导致顾客对于产品或服务的期望值过高。在一般情况下，当顾客的期望值越大时，购买产品的欲望相对就越大。但是当顾客的期望值过高时，就会使得顾客的满意度越小；当顾客的期望值越低时，顾客的满意度相对就越大。因此，企业应该适度地管理顾客的期望。当期望管理失误时，就容易导致顾客产生抱怨。

5. 对新产品、新服务不习惯

每位客户都有各自独特的爱好及习惯，当企业提供的产品与其喜好及习惯相冲突时，也会引起抱怨。

6. 配件类

配件供应：在维修过程中，未能及时供应车辆所需配件；

配件价格：由于价格过高导致顾客的不满；

配件质量：由于配件或附加配件的外观质量和耐久性等问题。

7. 维修质量

首次修复结果不理想、同一问题多次出现、问题长时间没有解决、未对客户车辆进行防护、出厂时车辆不干净。

8. 其他方面的原因

若顾客在接受服务过程中，受到不公平待遇，或者服务人员提供的服务过于夸大让顾客感到有受骗的感觉，以及顾客凭借其自身经验不能感受到满意的服务与产品、顾客情绪受到其他事务的影响等，都可能会产生抱怨行为。

案例分析

【案例一】

有一次，在一家4S店里，一个客户买了一种新车。那种新车有个特点：当踩制动的时候，它总是柔软的，而且感觉好像比正常的车要低一些。当然，车的制动一点也没问题，表现性能很好，可是这个客户就是不喜欢。所以他就跑到我们这里，说："这车有问题，制动器太柔软，而且制动器踏板踩下去很低。"我们告诉他："这车是正常的，因为设计就是这样，而且它的表现性能一点也不差。"可是客户不断地说他以前开的车不是这样。

最后，我们就拿出维修手册的维修标准给他看，我们在踏板上放了一个压力计，当踩到80磅的时候，用一个尺子量从踏板到方向盘的距离，发现在规定范围内。这就是一个正常的现象。

这个案例反映出客户对新车的设计不太熟悉，从而导致产生疑问。通过对车辆性能特点的解释，客户了解到新车的设计，从而避免了抱怨的产生。

【案例二】

某客户在×××经销商处订购一辆新车，经销商与其约定一起去车管部门办理上牌手续。

但因客户有事迟到,经销商直接上好了车辆牌照。交车时告诉客户车辆发动机有抖动故障、OBD 灯亮问题,拆检更换喷油嘴已解决,要求客户提车。客户认为经销商上牌前隐瞒故障情况,并擅自打开发动机并更换过零件,认为不是新车,拒绝提取车辆,并表示要投诉至媒体。

这个案例反映出客户对自己在购车过程中,经销商不与客户进行良好沟通,擅作主张的行为不满,从而产生抱怨。

【案例三】

前些年,海尔集团推出一款“小小神童”洗衣机,推出时,它的设计存在着一些问题,当时这款洗衣机的返修率是相当高的。海尔调集了大量的员工,承诺客户“接到投诉电话以后,24小时之内上门维修”,很多客户的洗衣机都是经过海尔连续三四次甚至第五次的上门维修才解决问题的。如此高的返修率,客户是否会非常不满呢?很多客户反映说:“任何新的产品都会存在这样或那样的问题,但对海尔的服务,我们是满意的。”因为他们看到了一家企业对客户的尊重和重视。

这个案例告诉我们,海尔正是重视客户的投诉,才使得消费者继续保持了对海尔品牌的信任,这也是海尔在今天能成为一家国际性大企业的重要原因。如果一家企业不能有效地处理投诉问题,他们就不可能把投诉所带来的不良影响降到最低点,反而会扩大。

【案例四】

2001 年,日本三菱公司发生了一起投诉案:成都有人开三菱公司生产的“帕杰罗”越野车,因为故障导致车祸,有一个人快成植物人了,所以投诉三菱公司。三菱公司对这件事的处理态度是很消极的,首先要求把汽车运回日本鉴定,中国企业鉴定车辆的问题不算数,必须由日本来鉴定,看是不是汽车的原因。这件事情前后拖了很长时间,各大媒体纷纷把矛头指向了三菱公司,电视台也专门进行了采访,采访的时候三菱公司主管的态度也很消极,言说无可奉告,始终不愿意承认。最终这个投诉是怎么解决的呢?三菱在中国召回了所有的“帕杰罗”越野车,承诺对所有的“帕杰罗”越野车进行零件更换,整个投诉事件的处理用了很长时间,对企业信誉带来了很大的不良影响。

这个案例告诉我们,企业如果不能正确处理客户的投诉,就会为企业带来难以估量的损失。

【自检】

按照表 4-1 所列标准,给每个句子打分,测试一下你对本节内容的掌握程度。

测 试 表 表 4-1

问题 \ 得分及分值 \ 对照检查	没有 0 分	是的 2.5 分
我了解了投诉与抱怨的含义		
我了解了投诉与抱怨的区别		
我能够较好地了解客户抱怨的原因		
我可以为客户抱怨作出较合理的解释		
总分		

注:每个问题 2.5 分,共 10 分。如果你的得分大于 6,则你对本节内容有较好的掌握;如果你的得分在 4 ~ 6 之间,说明你应该做进一步的改进;如果你的得分低于 4,那就必须再次认真学习这节课的基本知识。

任务二 处理客户投诉的方法与技巧

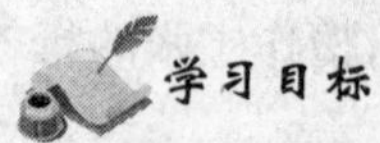

学习目标

知识目标:知道汽车4S店客户的分类;了解处理客户抱怨投诉的原则、要求;掌握客户问题处理的方法。

能力目标:学会有效处理客户投诉问题的技巧。

素质目标:诚信、克制情绪、换位思考、从经验中反思学习的培养。

基础知识

一、投诉过程的四个心理效应

1. 首因效应

首因效应是指当人与人接触时,首先反映的信息对人形成的印象反应强烈。当客户投诉时,与客户第一个接触点即对客户起着首因效应的作用。即无论投诉是否合理,问题是否严重,首先应有专业素质的能力给予客户有诚意的接待显得十分重要。反之,如果形成了"偏见",双方都要投入更高的成本进行弥补,有时,这种偏见会给投诉问题的解决带来致命的麻烦。

2. 晕轮效应

在认知时,如果对对象的某个特点或品质突出印象深刻,则容易掩盖人们对对象的其他品质和特点的正确了解。相当多的客户投诉的不仅是产品或公司的服务不完善,而且会对服务态度甚至投诉处理人员的态度有意见,因此,投诉处理人员的"态度决定一切"。

3. 投射效应

在认知事物或对他人印象时,推定其他人也具备与自己有相似的感知,也就是"推己及人"的心态。当客户在与公司投诉处理人员沟通时,当有些问题投诉处理人员难以理解或对话时,客户在潜意识里却认为自己的理解和思考,投诉处理人也一定是这样理解或思考的,这样沟通下去,必然导致投诉处理陷入僵局。这个时候,我们应该及时转换情境,派出更加适当的人员与客户沟通,尤其是针对知识层次较高的客户或汽车知识比较丰富的客户或比较精通法律的客户。

4. 近因效应

最近获得的信息会给人留下清晰的印象,其会冲淡以往获得的信息。当客户的投诉长期得不到解决,在最近投诉接待中得到圆满解决,这个近因效应会抵消以往的不满,从而实现了一次成功的服务营销。为此,有时候需要请出更高级别的人员进行客户接待。

二、4S店客户分类

在汽车销售中,虽然有标准化的流程,但也有每个销售顾问一些灵活的方法。顾客也是各式各样的,不可能用一种方法对待所有的客户,因此我们需要在标准化的服务中,针对不同的客户进行灵活的处理。客户虽然各式各样,但是也可根据一些标准进行分类。一般可以将客户分为以下四种类型(图4-2)。

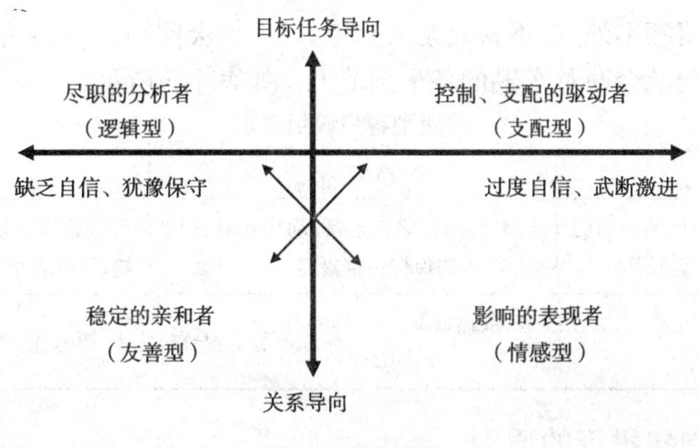

图4-2　客户分类

1. 支配型客户

支配型客户的特点是做事非常果断，而且一般作出决定以后不容易再改变。我们往往可以通过一些细节来判断对方是否是支配型的客户，比如：支配型客户喜欢用祈使句，每句话都较短、声音大、动作有力量且幅度大。如表4-2所示。

支配型客户识别要素　　表4-2

语　言	动　作	情　感
动宾短语多；说话常带命令式口气；说话尾音重、口气大	动作有力量感、控制性；全身动作、指挥性；幅度很大、连续性	情感外露程度高；不在乎别人情绪；不能容忍错误
性格总结：爱憎分明、有话直说；自我中心、自大高傲	职业类型：决策者、企业家、机关领导	

2. 友善型客户

友善型客户的特点是作决定时，非常迟疑，不愿意轻易作决定，不会明显说出自己的意愿。判断这类客户类型的细节是说话吞吞吐吐、态度温和、说话反复，眼神飘忽。如表4-3所示。

友善型客户识别要素　　表4-3

语　言	动　作	情　感
说话吞吞吐吐、语调平淡，语言含糊、表达犹豫	动作柔和反复，动作幅度不大，有放不开感觉	情感外露程度低，想法都放在心里，有深藏不露的感觉
性格总结：喜欢被动、拒绝矛盾，不愿表达、决策迟缓	职业类型：文职工作者、艺术家	

3. 情感型客户

情感型客户的特点是做事情非常果断，要么买，要么不买，但过于喜欢表达、表现、容易冲动、受外界影响较大。判断这类客户的细节主要体现在表情丰富，感情外露，语言流畅，且充满亲和力。如表4-4所示。

情感型客户识别要素　　表4-4

语　言	动　作	情　感
说话语音语调丰富，非常愿意表达，但说话没有条理，常说气话反话	动作比较夸张，全身动作较多，动作幅度较大	情感外露程度极高，喜怒哀乐溢于言表，情绪瞬间变化起伏
性格总结：重直观感受、重情重义；条理性较差、追求新意	职业类型：分布在任何工作岗位（女性占多）	

4. 逻辑型客户

逻辑型客户的特点是喜欢分析各种因素，作决定时间长，感情不外露。这类客户的细节特征是面部缺乏表情,情感不外露,不喜欢别人夸夸其谈,但会问问题,希望能从销售顾问那里得到准确的数据,而且问题会遍及车辆的各个细节上。如表4-5所示。

逻辑型客户识别要素 表4-5

语　言	动　作	情感外露
说话长句、复合句多,擅用准确的词语;但说话语速比较慢,语调较平缓	眼部动作非常丰富,动作相对比较细腻,动作保持一定幅度	情感外露程度很低,面部表情非常缺乏,外表给人以沉稳冷静
性格总结:追求完美、注重个人;关注细节、依赖数据、决策缓慢	职业类型:专家、学者、律师、医师	

三、处理客户抱怨投诉的原则

1. 先处理情感,后处理事件

(1)表达足够的重视;

(2)表示理解;

(3)保持平静友好;

(4)不要自作决断;

(5)不要有敌意(包括肢体语言);

(6)宁可为正确的原因道歉;

(7)征求对方意见;

(8)提供解决方案;

(9)处理升级(换人、换策略);

(10)通知当事人;

(11)一直跟踪到客户满意。

2. 既解决问题,又坚持原则

(1)寻求双方认可的服务范围;

(2)不作过度的承诺;

(3)交换条件;

(4)必要时,坚持原则。

四、抱怨投诉处理要求

(1)受理抱怨、投诉不得向外推。

(2)态度主动,积极推进。具体做到如下三点:

①属于我们做得不到位的,应坦诚道歉,并及时做好补救工作;

②属于双方互有责任的,先解决自身不足,并请对方配合解决;

③属于对方理解有误的,力争以对方能接受方式指出,帮助对方看到问题实质。

(3)优先于正常工作。

(4)对处理人员的要求:

①心理要求,即积极的心态、应变力、挫折承受力;

②专业要求,即熟练的专业技能,优雅的形体语言和表达技巧,思维敏捷,具备很好的洞察力;

③综合要求,即各种问题的分析解决能力,以及团队的合作意识。

五、抱怨处理的方法

1. 一站式服务法

一站式服务法，即指客户投诉的受理人员从受理客户投诉、信息收集、协调解决方案，到处理客户投诉，全过程进行跟踪服务。

2. 服务承诺法

面对各种各样的客户和不同种类的投诉，经常会遇到客户的投诉是受理人员不能当场解答或不能当场处理的情况。尽管我们不能立即对这些投诉作出一个满意的解答和处理，但是我们要理解客户希望马上得到妥善解决的焦急心情，要给客户一个明确的承诺，承诺投诉处理的时间、预期的处理过程和结果。

3. 补偿关照法

补偿关照法是体现在给予客户物质或精神上补偿关照的一种具体行动。补偿性关照的方法，如打折、免除费用、赠送、经济补偿等。

4. 变通法

变通法是在我们与客户之间寻找对双方都有利，建立在双赢理论基础上让对方感到满意的合作对策。

5. 外部评审法

外部评审法是在内部投诉处理过程行不通时，选择一种中立的路线来解决投诉的方法。

外部评审机构：行业主管部门、行业协会、消协、仲裁委员会。

六、处理抱怨、投诉的要点

1. 信息齐全、快速响应

(1)针对问题解决——客户问题在哪里出现就在哪里解决。

(2)记录要点内容——明确客户抱怨的问题和要求，安抚客户。

(3)找对处理人——按照部门和岗位职责快速确定处理人。

2. 快速解决问题

(1)主动联系客户——进一步明确客户问题和要求，提出方案沟通。

(2)不断沟通，力求达成一致：若客户的要求符合公司规定，按规定办理；若不符合规定，耐心引导客户，寻求其他解决办法。

(3)限时结案，及时上报——避免抱怨升级，便于问题解决并总结。

七、处理抱怨、投诉的禁止法则和禁止用语

1. 禁止法则

(1)立刻与客户摆道理；

(2)急于得出结论；

(3)一味地道歉；

(4)告诉客户：“这是常有的事”；

(5)言行不一，缺乏诚意；

(6)吹毛求疵，责难客户。

2. 禁止用语

"这种问题连小孩子都会";"你要知道,一分钱,一分货";"绝对不可能发生这种事";"你可去问别人,这不是我们的事";"我不知道,不清楚";"公司的规定就是这样的";"改天再与你联络(通知你)";"这种问题我们见得多了",等等。

八、有效处理投诉的技巧

1. 事前准备

1)正确、积极的心态

(1)在得失问题上要深谋远虑。

(2)以信为本,以诚动人。

(3)时刻提醒自己:我代表公司而不是个人。

(4)学会克制自己的情绪。

(5)换位思考,从客户角度想问题。

(6)把抱怨处理当作自我提升的一次考验。

2)处理问题前的心态调节

(1)合理的自我宣泄。

(2)转移分散注意力。

(3)学会向别人倾诉。

(4)与朋友间多沟通。

(5)提高自身成就感。

(6)多做益于身心健康的活动。

3)必备工具

录音笔、电脑、电话机、传真机、计算器、记事本、内部通信录、客户信息表、记录表、产品资料、产品价目单、备件清单表、特殊政策文件、其他。

2. 受理时

(1)隔离群众。

(2)善用提问发掘顾客的不满。

提问时,应该避免大量的使用封闭式问题,因为封闭式的问题会更加激怒客户,他会觉得你是在推卸责任。应该在稳定了客户的情绪后提出一个开放式的问题,把客户的精力放到具体的事情上去。

(3)认真倾听,并表示关怀。

客户在发泄情感的过程中,应该认真地倾听;在表示同情时,还应去复述情感以表示理解。

(4)确认投诉内容。

(5)表示歉意。

(6)认同顾客的情感。

3. 处理时的四大法则

四大法则主要运用在坚持原则并维护我方利益的情况下。

(1)转移法:不作正面答复,以反问的方式提醒客户双方的责任。

(2)递延法:请示上级为由,争取时间。

(3)否认法:对所陈述的事实有明显的差异,应采取否认法。

(4)预防法:在预估事情可能成即将发生时,先给予提醒。

4. 处理后

(1)总结问题。

(2)解释将采取的行动。

(3)感谢顾客。

(4)跟踪确认。

(5)从经验中反思学习。

5. 处理技巧

四种不同类型的客户需要对待的方法有一定的区别,下面针对四种不同类型的客户类型介绍一些技巧:

1)支配型客户

支配型客户要求得到尊重,同时也希望与自己同水平的人打交道,强调身份。遇到这样的客户,尽量找级别较高且具有一定决定权的人来接待。既要体现对对方身份的尊重,同时也可以与对方站在相近的水平线上沟通,避免对方提出较为过分的要求。同时也可以通过自身的权力比较迅速地满足对方的要求。支配型客户更加看重自己的感觉,而对待价格等的关注度比较低,因此只要是对方觉得自身得到了充分的尊重,在价格与装饰方面都比较容易谈判。因此看起来支配型客户趾高气扬,但是却是最容易谈判成功的客户。

2)友善型客户

对待友善型客户,我们要坚定对方的信心,尽量让客户兴奋起来,要让客户说话。可选择从对方的亲友的角度出发与客户交流,因为这类客户比较关注自己身边的家人或者朋友,从这个方面比较能找到突破口,让对方开头说出自己的诉求。然后从对方的角度分析这辆车的优点,多讲故事,要强调这辆车对于家庭的好处,如安全性、舒适性等。不要给这类客户太长的单独考虑时间,尽量能够在客户的兴奋点促成交易。

3)情感性客户

情感型客户是最容易接近的客户,他们一般心里已经打定主意买或者不买这辆车,但他们依然愿意与销售顾问多交流,不会拒人于千里之外。但是这类客户也容易跑题,使销售顾问经常感觉无法把握主动,还会浪费很多时间。对待情感类客户要积极把话题引导到汽车上来,不能任由顾客跑偏话题。要在对话中介绍车辆独一无二的配置,引领潮流的亮点,如果买了这款车,客户将在朋友圈中成为焦点的存在等。同时趁热打铁,不能拖延,要尽量让客户处于亢奋的状态。这类客户可私下里交流,他们会很愿意介绍新的客户给我们。

4)逻辑型客户

逻辑型客户强调数据、强调思考。对待这类客户我们要尽量拿出一些数据和以前购车者的情况,要有充分的证明。一般来说,分析型客户会先让销售顾问简单介绍车辆情况,销售顾问要尽量用专业的数据来进行说明,同时要试探对方的态度,让对方说出自己的问题,然后再有的放矢地进行说服,要尽量用数字和事实说服对方。

将客户进行分类是必要的,但是要注意,不能轻易地通过外表来判断,而且无论是哪种客户,我们都不能表现出嫌贫爱富的特点,都要进行完善的服务。我们的销售顾问通常容易犯的错误就是武断地判断客户,结果流失掉了很多客户。客户并非是到店里看车的才是客户,每一个我们身边的人都有可能成为我们的潜在客户。

九、有效处理投诉的方法

处理客户投诉的方法有以下七个一点：

1. 耐心多一点

在实际处理中，要耐心地倾听客户的抱怨，不要轻易打断客户的叙述，切不可批评客户的不足，而是鼓励客户倾诉下去让他们尽情发泄心中的不满。当耐心地听完了客户的倾诉与抱怨后，当他们得到了发泄的满足之后，就能够比较自然地听得进服务人员的解释和道歉了。

2. 态度好一点

客户有抱怨和投诉就是表现出客户对我们的产品及服务不满意，从心理上来说，他们会觉得我们亏待了他，因此，如果在处理过程中态度不友好，会让他们心理感受及情绪很差，会恶化与客户之间的关系。反之，若服务人员态度诚恳，礼貌热情，就会降低客户的抵触情绪。俗话说："怒者不打笑脸人"，态度谦和友好，将会促使客户平解心绪，理智地与服务人员协商解决问题。

3. 动作快一点

处理投诉和抱怨的动作快，一来可让客户感觉到尊重，二来表示企业解决问题的诚意，三来可以及时防止客户的负面污染对我们造成更大的伤害，四来可以将损失减至最少。一般接到客户投诉或抱怨的信息，即向客户用电话或传真等方式了解具体内容；然后再部门内部协商好处理方案，不管处理的结果是怎样，都必须在给客户承诺的时间内予以回复。

4. 语言得体一点

客户对我们的服务工作不满，在发泄不满的陈述中有可能会言语过激，如果服务人员与之针锋相对，势必恶化彼此关系。在对问题解释的过程中，措辞也要十分注意，要合情合理，得体大方，不要一开口就说："您懂不懂？"等伤人自尊的语言，尽量用婉转的语言与客户沟通；即使是客户提出不合理的要求，也不要过于冲动，否则，只会使客户失望并很快离开。

5. 补偿多一点

客户抱怨或投诉，很大程度上是因为他们采用了我们的服务后，没有达到预期效果，因此，客户抱怨或投诉之后，往往会希望得到补偿。这种补偿有可能是物质上的，也有可能是精神上的，如道歉等。在补偿时，应该尽量补偿多一点，有时是物质及精神补偿同时进行，客户得到额外的收获，他们会理解我们的诚意并对我们再建信心。

6. 层次高一点

客户提出抱怨或投诉之后都希望自己的问题受到重视，往往处理这些问题的人员的层次会影响客户的期待解决问题的情绪，如果高层次的领导能够亲自与客户交谈或亲自打电话慰问，这将会化解许多客户的怨气和不满，客户也比较容易配合服务人员进行问题处理。因此，处理投诉和抱怨时，如果条件许可，应尽可能提高处理问题的服务人员的级别，如部门经理出面（或服务人员任职为部门领导）。

7. 办法多一点

很多企业处理客户投诉和抱怨的结果，就是给他们慰问、道歉或补偿其他物质，赠小礼品等，其实解决问题的办法有许多种。

案例分析

【案例一】

某货运公司的A、B两名销售人员分别有一票FOB条款的货物，均配载在D轮从青岛经釜山转船前往纽约的航次上。开船后第二天,D轮在釜山港与另一艘船相撞,造成部分货物损失。接到船东的通知后,两位销售人员的解决方法如下:

A销售员:马上向客户催收运杂费,收到费用后才告诉客户有关船损一事。(错)

B销售员:马上通知客户事故情况并询问该票货物是否已投保,积极协调承运人查询货物是否受损并及时向客户反馈。待问题解决后才向客户收费。(对)

在这个案例中,B销售人员首先从客户自身利益出发,在事故发生后,主动提出了解决问题的方案,从情感维系方面消除了客户的不满情绪,收到了良好的效果。

【案例二】

孙先生去年11月在北京某4S店购买了一辆新车。该车行驶到5000公里时,"车上仪表盘突然显示机油油位过低。"孙先生赶紧将车开到该公司维修。

该公司维修人员添加机油并进行检测后告知,该车没问题。"谁知这车行驶到8000公里、1.2万公里和1.8万公里时发动机又相继显示缺机油。"孙先生认为该车发动机有质量问题,坚持要求该公司更换一辆新车。

当该公司拒绝换车后,孙先生于半月前将车"丢弃"在该4S店门口。近日又用车堵住大门。经警方调解后,孙先生才将车挪开。

在这个案例中我们可以得到如下信息:客户类型属于情感型;情感型客户的特征是:情绪易激动,或哭或闹。

对于这类客户,我们建议在处理时:保持镇定,适当让客户发泄;表示理解,尽力安抚,告诉客户一定会有解决方案;注意语气,谦和但有原则。

【案例三】

赵先生在某4S店预定了一辆红色进口车,并支付了车款。在等车期间赵先生发现有更优惠的价格可以买到该款车,感觉被"宰"了。于是开始到处收集可以毁约或再议价的理由和方法。

提车时赵先生提出这款红色不是自己想要的那种红,和产品单页上的颜色也不相同,并且公里数过多,出厂时间也太长……,还指出4S店有欺诈行为,并提出换车或退车。

因为该车是特定车型及颜色,购买的客户比较少,为了不积压,最终4S店再次给赵先生优惠让利。

在这个案例中我们可以得到如下信息:客户类型属于逻辑型;逻辑型客户的特征是:一定要达到目的,了解消费法,甚至会记录接待人员谈话内容或录音。

对于这类客户,我们建议在处理时:接待人员一定要清楚公司的服务政策及消费法有关规定;充分运用政策及技巧,语调充满自信;明确我们希望解决用户的问题与诚意。

【案例四】

张先生不久前买了一辆新车,在行驶不到5000公里时,发现车辆方向盘有轻微抖动现象。经4S店检测,并未发现有任何故障。4S店建议张先生再行驶一段时间观察一下,如有问题及时来检测。但张先生却认为4S店这样的处理方法纯属一种推诿,新车不应该在5000公里出现方向盘抖动,要求索赔发动机或换车。而且拿出了自己的名片和工作证,说是某新闻媒体的负责人,如果4S店不能妥善处理,将报道这一事件。

在这个案例中我们可以得到如下信息:客户类型属于情感型、支配型;情感型、支配型客户的特征是:通常是某重要行业领导,电视台或报社记者,律师,如不满足其要求则会将事件诉诸媒体和司法机关。

对于这类客户，我们建议在处理时：谨言慎行，尽量避免使用文字；无法满足时，及时上报有关领导或部门研究；要迅速、高效地解决此类问题。

【自检】

按照表4-6所列标准，给每个句子打分，测试一下你对本节内容的掌握程度。

投诉处理接待能力测试表　　表4-6

对照检查 / 得分及分值 / 问题	从不 0分	有时 2分	通常是这样 3分	总是这样 4分
在接待客户时，我会先倾听客户的意见				
对于什么也不懂的客户，我不会先摆事实讲道理给他听				
遇到有抱怨的客户时，我会做到适当让客户发泄不满				
对客户提出的不满及抱怨，我会表示感谢				
我能够站在客户的角度倾听他的抱怨				
总分				

注：每个问题4分，共20分。如果你的得分大于15，则说明你对本节内容有较好的掌握；如果你的得分大于8，则说明你处于中间范围，应该加强对本节内容的理解；如果你的得分低于8，则请你再次认真学习这节课的基本知识。

任务三　客户投诉处理流程

知识目标：知道汽车4S店客户一般投诉和重大投诉处理的流程；客户投诉处理企业管理流程。

能力目标：学会与客户协商谈判。

素质目标：培养"诚信、克制情绪、换位思考、从经验中反思学习"等良好情操。

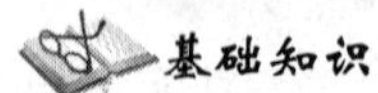

一、基本处理流程

一般情况下，客户投诉处理流程包括以下几个步骤：

1）记录投诉内容

根据客户投诉登记表详细记录客户投诉的全部内容，如投诉人、投诉时间、投诉对象、投诉要求等。

2）判断投诉是否成立

在了解客户投诉的内容后，要确定客户投诉的理由是否充分，投诉要求是否合理。如果投诉并不成立，就可用委婉的方式答复客户，以取得客户的谅解，消除误会。

3）确定投诉处理责任部门

依据客户投诉的内容,确定相关的具体受理单位和受理负责人。如果是运输问题,交储运部处理;若属质量问题,则交质量管理部处理。

4)责任部门分析投诉原因

要查明客户投诉的具体原因及造成客户投诉的具体责任人。

5)公平提出处理方案

依据实际情况,参照客户的投诉要求,提出解决投诉的具体方案,如退货、换货、维修、折价、赔偿等。

6)提交主管领导批示

针对客户投诉问题,主管领导应对投诉的处理方案一一过目,并及时作出批示。根据实际情况,采取一切可能的措施,尽力挽回已经出现的损失。

7)实施处理方案

处罚直接责任者,通知客户,并尽快收集客户的反馈意见。对直接责任者和部门主管要根据有关规定作出处罚,依照投诉所造成的损失大小,扣罚责任者一定比例的绩效工资或资金。对不及时处理问题而造成延误的责任者也要追究相关责任。

8)总结评价

对投诉处理过程进行总结与综合评价,吸取经验教训,并提出改善对策,从而不断完善企业的经营管理和业务运作,提高客户服务质量和服务水平,降低投诉率。

二、一般投诉处理

大多数投诉都是比较好处理的,我们称之为一般投诉。一般投诉采取的方式有:信件投诉、电话投诉、来电直接投诉。一般投诉也不可以轻视,应当及时妥当地处理,否则就会上升为重大投诉。

1. 一般投诉处理的流程

1)客户抱怨、充分理解

(1)用心服务:同理心倾听和理解客户的感受,避免不了解情况就提出解决的方法让客户宣泄不满情绪。

(2)面对情绪激动的客户,服务顾问保持心平气和,态度诚恳,这是处理客户投诉的基本功。

2)受理客户抱怨

(1)良好的心态。

(2)积极地沟通,收集信息。

(3)客户投诉的5W1H。

(4)与客户沟通的技巧。

(5)受理答复的两种情况。

3)协商解决、处理问题

(1)耐心地与客户沟通,取得他的认同。

(2)快速、简捷地解决客户投诉,不要让客户失望。

4)答复客户

(1)处理结果答复:答复客户时应该为客户准确说明处理结果。

(2)升级处理答复:升级处理通常是客户提出的要求超出了服务顾问处理的权限,需要上一级领导出面协商解决或批复时,处理客户投诉的一种方法。

5)特事特办

如果客户仍不满意,征询他的意见。

6)服务跟踪

(1)对抱怨客户的跟踪服务是对我们处理客户投诉效果的检验,同时也是显示我们对客户负责和诚信的一种方式;

(2)跟踪服务的方式:电话、E-mail、信函、客户拜访。

2. 如何与客户协商谈判

1)谈判前准备工作

(1)了解公司对此类问题处理的基本原则。

(2)了解你自己有什么牌。

(3)尽量具备丰富的心理学、形体语言学、语言沟通技巧和把控情绪的能力。

2)谈判中的注意事项

(1)要向客户显示充分的诚意和信心,表明自己有足够的权限可以解决问题。

(2)不要跟客户讲公司的各项制度是如何规定的云云。

(3)谈判中"先小人,后君子"。

(4)谈判方案达成后,落实工作一定要及时到位。

(5)有可能,对解决的投诉案件向客户进行回访。

三、重大投诉处理

1. 定义

重大投诉:市场中用户抱怨强烈,通过经销商、生产商、现场技术经理、区域现场代表等与用户沟通无效,随时可能升级为售后服务危机的事件。

潜在危机事件:新闻媒体负面曝光。产品质量问题在互联网上恶意流传,敏感用户强烈抱怨等对产品名誉影响极大的事件。

与一般投诉相比,重大投诉比较难以处理,需要更多的耐心和技巧。对于重大投诉,事前要进行识别。正确的识别主要依赖投诉处理人员的经验,但也有章法可循。是否属于重大投诉可以从投诉人身份、投诉激烈程度和投诉要求等几个方面进行分析。

2. 重大投诉处理流程(见图4-3)

3. 客户投诉处理管理流程

1)记录投诉内容

利用客户投诉登记表详细记录客户投诉的主要内容,如投诉人、投诉内容、投诉要求等。

2)判断投诉是否成立

了解投诉内容后,如果投诉内容不能成立,应该以婉转的方式回答客户,取得客户的谅解,并消除客户对企业的误会。

3)确定投诉处理部门

对于投诉成立的事件,根据投诉内容,确定相关的受理部门和负责人。

4)分析投诉原因

投诉处理部门需要快速查明造成客户投诉的具体原因,以便确定处理方案。

5)提出处理方案

投诉处理部门应根据实际情况，参照客户的要求，提出具体的解决方案，如退货、换货、维修、赔偿等。

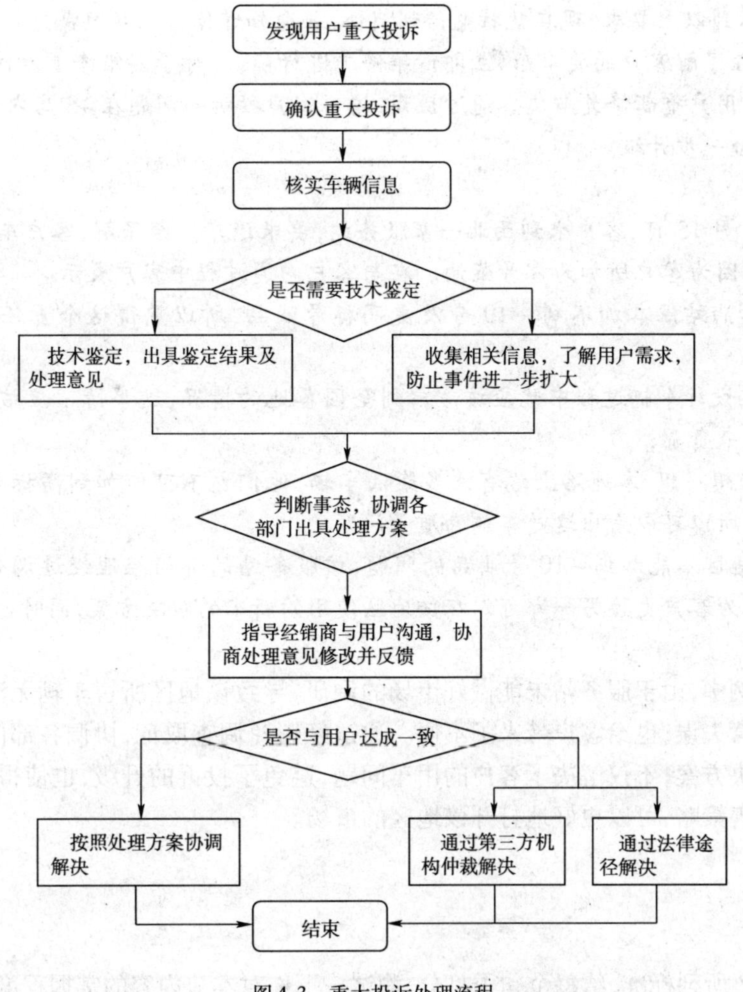

图 4-3　重大投诉处理流程

6）提交主管领导批示

7）实施处理方案

处理责任人与客户联系沟通，尽快实施处理方案，并收集客户的反馈意见。

8）总结评价

投诉处理部门对投诉发生的原因和处理过程进行总结和评价，对频繁造成投诉的原因应该及时更改，以降低客户投诉的次数，提高客户的满意度。

案例分析

【案例一】

一保内客户因保险杠漆面脱落在服务站进行补漆处理，在维修过程中发现因维修工操作不当，使得喷漆过程中有许多漆点落到引擎盖、倒车镜上面，白点非常明显，补漆的地方出现色差。

客户投诉并要求：

（1）免费更换保险杠，不再接受漆面脱落的补漆处理方法；

(2)因自己的车辆是新购车辆,但因服务站原因,使得现在的车辆根本不像是新车,服务站必须进行补偿,应该为其更换新的倒车镜、引擎盖。

(3)如达不到以上要求,现在就打电话到消协,并通知媒体过来拍照曝光。

接待人员在了解客户的要求后,立即请维修工进行确认,对于因维修工操作不当造成的问题,提出免费为用户重新修复解决。通过协商,这一客户投诉的问题在4S店内部得到了解决,避免了投诉的进一步升级。

【案例二】

2008年11月15日,客户来到西北一家服务站,要求退车。经了解,客户车辆存在早上打火困难情况,原因为客户所加为零号柴油。在与客户沟通过程中客户表示:

(1)本地加油站根本加不到 -10 号及更高标号油品,所以觉得这个责任不应该由客户负责;

(2)厂家在设计车辆过程中就应该考虑到全国各地的情况,这事情不应该是客户所考虑的,应该由厂家来负责;

(3)你可以想一想,本地路上跑有许多柴油车辆,他们也不可能加到高标号油品,但却不影响车辆启动,所以可以看出这是车辆的质量问题。

针对在该地区不能加到 -10 号油品的问题,该服务站的部门经理经过调查,确有这种情况出现,并提出为客户更换另一部可以在该地区使用的新车的解决方案,同时也调整了在该地区所售的车型。

在这个案例中,由于服务站未能做好市场的调研,导致该地区所售车辆无法正常使用,属于经销商的经营失误,也给客户带来了不便。通过经销商调查取证,协调各部门之后,提出了调换车辆的解决方案,不仅解决了客户的用车问题,避免了投诉的升级,也使得企业重新调整了该地区的销售策略,可以更好地打开该地区的市场。

测试

【自检】

按照表4-7所列标准,给每个句子打分,测试一下你对本节内容的掌握程度。

测 试 表 表4-7

对照检查 / 得分及分值 / 问题	不会	是的
	0分	2.5分
接待投诉时,我能够记录下客户的诉求		
我能够判断什么是客户的正当诉求		
处理投诉时,我会为考虑企业与客户双方的利益		
投诉处理完毕后,我会对客户及时进行回访		
总分		

注:每个问题2.5分,共10分。如果你的得分大于6,则你对本节内容有较好的掌握;如果你的得分在4~6之间,说明你处于中间范围,应该在学习和实践中有一定的改进;如果你的得分低于4,则必须再次认真学习这节课的基本知识。

单元五　团队与沟通

任务一　团队合作的认知

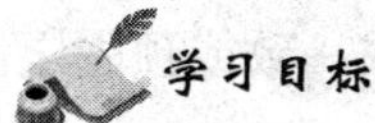

知识目标：知道团队的定义、特点；知晓团队合作的优势。

能力目标：学会与同学、老师、家人和谐相处。

素质目标：培养执行力、服从大局、集体荣誉感。

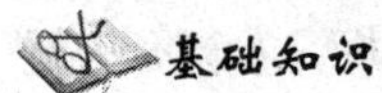

一、团队的定义

团队是具有如下特点的由多人组成的活跃的小组。

团队具有共同的目标；团队成员能和谐地一同工作；全体能够提出建设性的批评意见；大家在一起能愉快地享受工作；全体团结一心去取得优异成就。

二、团队合作的优势

团队合作的优势，有以下六点：

(1)能融合成员特殊的知识和能力。

(2)最大限度地发挥集体智慧。

(3)可以打破常规的想法。

(4)能同时执行多项程序。

(5)收集更多信息。

(6)评估不明确、未解决的不确定形势。

三、团队的特点

1. 管理

团队负责人能够并且愿意与其团队成员密切合作并花时间考虑团队的发展。除团队负责人之外，每一位团队成员也有机会在需要特殊技术和技能的时候，承担领导职责。

2. 氛围

团队成员在团队之内感觉舒心。他们可以坦率而开诚布公地与团队伙伴相处，并随时准备承担风险。

3. 效率水平(目标)

团队目标非常明确,且团队成员认为值得为这些目标努力。同时,这些目标也与公司的核心目标相一致。虽然需要一些努力,但它们却是可以实现的。团队成员投入精力以便取得成果,同时,他们也经常提出建设性的批评意见,以发现什么地方可以进行改进。

4. 工作方法(手段)

团队找到了实用、系统而有效的方法,以完成各项任务和解决随之而来的各种问题。

5. 组织(角色)

定义明确的角色和积极的信息交流是一个团队的重要支柱。

6. 与其他工作组的关系(节点、联网、价值链)

团队已与其他团队和人士建立了系统的社会联系,它已建立了可以保证最佳合作的有效联系。团队之间保持定期联系并使各自的重点同步化,这些重点都是相互达成一致或预先定义的。团队成员个人也有意与其他团队的同事保持联系并共同工作。

四、团队的重要构成要素

1. 目标(Purpose)

团队应该有一个既定的目标,为团队成员导航,知道要向何处去。没有目标,这个团队就没有存在的价值。

团队的目标必须跟组织的目标一致,此外还可以把大目标分成小目标具体分到各个团队成员身上,大家合力实现这个共同的目标。

同时,目标还应该有效地向大众传播,让团队内外的成员都知道这些目标。有时甚至可以把目标贴在团队成员的办公桌上、会议室里,以此激励所有的人为这个目标去工作。

2. 人(People)

人是构成团队最核心的力量。2个(包含2个)以上的人就可以构成团队。目标是通过人员具体实现的,所以人员的选择是团队中非常重要的一个部分。在一个团队中可能需要有人出主意,有人订计划,有人实施,有人协调不同的人一起去工作,还有人去监督团队工作的进展,评价团队最终的贡献。

不同的人通过分工来共同完成团队的目标,在人员选择方面要考虑人员的能力如何,技能是否互补,人员的经验如何。

3. 团队的定位(Place)

团队的定位包含两层意思:

(1)团队的定位——团队在企业中处于什么位置,由谁选择和决定团队的成员,团队最终应对谁负责,团队采取什么方式激励下属?

(2)个体的定位——作为成员在团队中扮演什么角色?是订计划还是具体实施或评估?

4. 权限(Power)

团队当中领导人的权利大小跟团队的发展阶段相关,一般来说,团队越成熟领导者所拥有的权利相应越小,在团队发展的初期阶段领导权相对比较集中。

团队权限关系的两个方面:

(1)整个团队在组织中拥有什么样的决定权?比方说财务决定权、人事决定权、信息决定权。

(2)组织的基本特征。比方说组织的规模多大,团队的数量是否足够多,组织对于团队的授权有多大,它的业务是什么类型?

5. 计划(Plan)

计划的两层含义:

(1)目标最终的实现,需要一系列具体的行动方案,可以把计划理解成目标的具体工作的程序。

(2)提前按计划进行可以保证团队的顺利进程。只有在计划的操作下团队才会一步一步地贴近目标,从而最终实现目标。

五、团队的类型

根据团队存在的目的和拥有自主权的大小,可将团队分成问题解决型团队、自我管理型团队、多功能型团队三种类型。

1. 问题解决型团队

问题解决型团队的核心点,是提高生产质量、提高生产效率、改善企业工作环境等。在这样的团队中成员就如何改变工作程序和工作方法相互交流,提出一些建议。成员几乎没有什么实际权利来根据建议采取行动。

2. 自我管理型团队

质量圈对提高企业的质量行之有效,但团队成员在参与决策方面的积极性显得不够。企业总是希望能建立独立自主、自我管理的团队——自我管理型团队。

3. 多功能型团队

多功能型团队是由来自同一种等级不同领域的员工组成,成员之间交换信息,激发新的观点,解决所面临的一些问题。

20 世纪 60 年代爱必尔诺威开发了卓有成效的 360 度反馈系统,该系统采用的是一种大型的任务攻坚团队,成员来自公司各个部门。由于团队成员知识、经验、背景和观点不太相同,加上处理复杂多样的工作任务,因此实行这种团队形式,建立有效的合作需要相当长的时间,而且要求团队成员具有很高的合作意识和个人素质。

六、团队中的角色与任务

团队中的角色与任务,包括团队中的角色分配、团队中的角色平衡、团队成员的任务这三个方面。团队成员的角色及特点,如表 5-1 所示。

团队成员的角色及特点 表 5-1

队员角色	特点
队长:发现新成员并提高团队精神	对团队中每个成员的才能和个性有着敏锐的判断力;擅于克服弱点;是一流的联系人;擅于鼓舞士气,激发员工工作热情
评论员:能使团队保持长久高效率工作的监护人和分析家	永不满足于不是最好的答案;是分析方案、找出特定弱点的专家;坚持有错必改,且铁面无私;提出建设性意见,指出改正错误的可行性方法
执行人:保证团队行动的推进和圆满完成	思维条理清楚,是天生的时间表;预见可能发生的拖延情况,并及时预防;具有“可以完成”这种心理,且愿意努力完成;能够重整旗鼓,克服失败

续上表

队员角色	特　点
外联负责人:负责团队的所有对外联系事务	具有外交才能,善于判断他人的需求;具有可靠、权威的气质;对团队工作有一个整体了解;处理机密事务时小心谨慎
协调人:将所有队员的工作融合到整个计划中	清楚困难与任务之间的关联;了解事情的轻重缓急;能在极短时间内掌握事情的大概;擅长保持队员之间的联系;能熟练处理可能发生的麻烦
出主意者:维持和鼓励团队的创新能力	热情、有活力,对新主意有强烈的兴趣;欢迎并尊重他人的新主意;将问题看作成功革新的机会,而非灾难;永不放弃任何有希望的意见
督察:保证团队工作高质量地完成	严格要求团队遵循严格的标准,有时甚至显得迂腐;对他人的表现明察秋毫;发现问题绝不拖延,立即提出;奖罚分明

七、影响团队角色行为的因素

影响团队角色行为的因素,有以下六个方面:

(1)个性;

(2)思考能力;

(3)当前的价值观和动力;

(4)场合限制;

(5)经验;

(6)角色体验。

讨论:要在西游记团队中裁减一个人,你会裁掉哪位?

背景:为了完成西天取经任务,组成取经团队,成员有唐僧、孙悟空、猪八戒、沙和尚。其中唐僧是项目经理、孙悟空是技术核心、猪八戒和沙和尚是普通团员。这个团队的高层是观音菩萨。

团队的组成很有意思。唐僧作为项目经理,有很坚韧的品性和极高的原则性,不达目的不罢休,又很得上司支持和赏识(直接得到唐太宗的任命,既给袈裟,又给金碗;又得到以观音菩萨为首的各路神仙的广泛支持和帮助)。

沙和尚言语不多,任劳任怨,承担了项目中挑担这种粗笨无聊的工作。

猪八戒这个成员,看起来好吃懒做,贪财好色,又不肯干活,最多牵一下马,好像留在团队里没有什么用处。其实他的存在还是有很大用处的,因为他性格开朗,能够接受任何批评而毫无负担压力,在项目组中承担了润滑油的作用。

最关键的还是孙悟空,由于孙悟空是这个取经团队里的核心,但是他的性格极端,回想他那大闹天宫的历史,恐怕作为普通人来说没有人会让这种人待在团队里。

那就请分析一下:为了节约成本,需要在这个团队里裁掉一个队员,你会裁掉哪一位?为什么?

八、团队决策

1.团队决策的类型

(1)沉默型;

(2)权威型；

(3)合伙型；

(4)少数服从多数型；

(5)比较一致型；

(6)完全一致型。

前四种尽管会快速作出决策，但是或多或少会挫伤团队中持不同意见者的积极性，从而影响他们在团队中的作用，使他们渐渐疏远团队。最后两种是建立在充分沟通基础上的决策类型，尽管这两种类型既耗时又费力，却是团队高效运作的实际体现。

2. 团队决策的模式

(1)会议讨论法；

(2)冥想法；

(3)头脑风暴法；

(4)德尔菲法 。

九、如何在工作中完成团队协作

1. 销售人员

客户信息传递，介绍售后服务人员，及时联系售后服务人员，相互信任。

2. 售后服务人员

主动介绍车辆及品牌价值，参与交车过程，完成对客户的售后服务介绍，新车型、促销的信息传递，客户信息传递，相互信任。

十、成功团队的特征

成功团队的特征，有如下八个方面：

(1)团队中所有成员明确团队的目标，并能全身心投入；

(2)团队成员具有强烈的归属感和责任感；

(3)团队注重沟通，肝胆相照，共同努力；

(4)团队成员积极参与决策，为提供有效的解决问题的方案献计献策；

(5)团队成员坦然接受批评，欢迎不同声音；

(6)一旦作出决策，团队成员会全力以赴加以实施；

(7)团队的人员构成具有灵活性，根据任务的需要可随时增减；

(8)团队成员关注客户，注重与外界有效沟通。

十一、群体沟通与团队沟通的差异

如何认识团队和群体的差异？

群体是指处于同一地方的一群人，群体成员往往有各自的目标，只是比较被动地接受任务，而且对组织并不具有强烈的归属感。而团队的含义则要比群体更为丰富，团队始于群体，但团队能够达到更高的质量水平。

群体类型形形色色，程度有深有浅，目的多种多样，有的可能是为了某一倡议，有的可能是为了共同的志趣爱好，有的则可能只是为了聚在一起娱乐或聊天。团队不只是一群人，团队是一群具有共同目标的人。他们为了完成某项特定任务，需要共同承担领导职能，需要互相密切协作。

团队和群体经常容易被混为一谈，但它们之间有根本性的区别，汇总为如下六点：

(1)在领导方面。作为群体应该有明确的领导人；团队可能就不一样，尤其团队发展到成熟阶段，成员共享决策权。

(2)目标方面。群体的目标可以各不相同；但团队必须有共同的目标。

(3)协作方面。协作性是群体和团队最根本的差异，群体的协作性可能是中等程度的，有时成员还有些消极，有些对立；但团队中是一种齐心协力的气氛。

(4)责任方面。群体的领导者要负很大责任；而团队中除了领导者要负责之外，每一个团队的成员也要负责，甚至要一起相互作用，共同负责。

(5)技能方面。群体成员的技能可能是不同的，也可能是相同的；而团队成员的技能是相互补充的，把不同知识、技能和经验的人综合在一起，形成角色互补，从而达到整个团队的有效组合。

(6)结果方面。群体的绩效是每一个个体的绩效相加之和；团队的结果或绩效是由大家共同合作完成的产品。

案例分析

【案例一】

美国德州一汽公司因为推行自我管理型团队而获得国家质量奖。美国最大的金融和保险机构路得教友互动会，因为推行自我管理团队在 4 年的时间中减员 15%，而业务量增加了 50%，主要的原因是提高了员工的满意度，推行了自我管理型的团队。

分析：推行自我管理型团队到底是好还是坏呢？推行自我管理型团队的目的在哪里呢？

【案例二】

麦当劳成立了一个能源管理小组，成员来自于各连锁店的不同部门，他们对怎样降低能源问题提供自己鉴定的方案，解决这一环节对企业的成本控制非常有帮助。

能源管理小组把所有的电源开关用红、蓝、黄等不同颜色标出，红色是开店的时候开，关店的时候关；蓝色是开店的时候开直到最后完全打烊后关掉。通过这种色点系统他们就可以确定，什么时候开关最节约能源，同时又能满足顾客的需要。这种能源小队其实也是一个自我管理型团队，能够真正起到降低运营成本的作用。

分析：推行自我管理型团队并不总是能带来积极的效果，虽然有时员工的满意度随着权力的下放而提升，但同时缺勤率、流动率也在增加。

所以首先要看企业目前的成熟度如何，员工的责任感如何？然后再来确定自我管理型团队发展的趋势和方向。

【案例三】

麦当劳有一个危机管理队伍，责任就是应对重大的危机。这个队伍由来自于麦当劳营运部、训练部、采购部、政府关系部等部门的一些资深人员组成，他们平时共同接受关于危机管理的训练，甚至模拟当危机到来时怎样快速应对。

分析：比如广告牌被风吹倒，砸伤了行人，这时该怎么处理？

一些人员考虑是否把被砸伤的人送到医院，如何回答新闻媒体的采访，当家属询问或提出质疑时如何对待？

另外一些人要考虑的是如何对这个受伤者负责，保险谁来出，怎样确定保险？所有这些都要求团队成员能够在复杂问题面前作出快速行动，并且进行一些专业化的处理。

虽然这种危机管理的团队究竟在一年当中有多少时候能用得上还是个问题，但对于跨国公司来说是养兵千日、用兵一时，因为一旦问题发生就不是一个小问题。

在面临危机的时候，如果作出快速而且专业的反应，危机会变成生机，问题会得到解决，而且还会给顾客及周围的人留下很专业的印象。

【案例四】

20 世纪 80 年代最流行的一种问题解决型团队是质量圈，下面看一下它的构成：

(1)问题确认。分析：首先要找到质量方面存在哪些问题？

(2)问题选择。就是在众多问题中选择一些必须马上解决的。

(3)问题评估。进行问题的评估——如果不解决可能会带来什么样的损失，这个问题的等级是重量级的还是轻量级的？

(4)推荐方案。推荐的方案，要解决问题采取什么样的方式比较好？

(5)评估方案。看看方案可行不可行，它的成本花费是多少。

(6)决策。即决策最终是否实施。

测试

【自检】

将表 5-2 中所列的角色和相应的特征用连线连起来。

角色和相应特征　　　表 5-2

特征 角色	特征描述
实干者(1)	A. 有责任感、高效率、守纪律，但比较保守
协调者(2)	B. 挑战性、好交际、富有激情
推进者(3)	C. 合作性强，性情温和，敏感
创新者(4)	D. 冷静、不易激动、谨慎、精确判断
信息者(5)	E. 冷静、自信、有控制力
监督者(6)	F. 外向、热情、好奇、善于交际
凝聚者(7)	G. 有创造力，个人主义，非正统
完美者(8)	H. 埋头苦干，守秩序，尽职尽责，易焦虑

任务二　塑造高效团队

学习目标

知识目标：知道与领导、与下属、与同事的沟通方法。

能力目标：学会处理工作中涉及团队协作的问题。

素质目标：尊重体谅他人、顾全大局、集体荣誉感的培养。

一、与领导的有效沟通

人人都有自己的领导。上至国家领导，下至普通百姓，都是如此。只是人们的叫法不同，有的叫“领袖”，有的叫“老板”，也有的叫“头儿”，总之都是一种人，那就是领导你的人。对你的领导，你可能把他看作自己的朋友，也可能把他看作自己的“敌人”。但是无论如何，你的领导毕竟是你的领导，既然如此，倒不如运用你的沟通技巧，请他站到你的这一边，“化敌为友”，与领导建立良好的人际关系。这样，你们双方都会感到很愉快。

（一）向领导请示汇报的程序和要点

1. 向领导请示汇报的程序

1）仔细倾听领导的命令

一项工作在确定了大致的方向和目标之后，领导通常会指定专人来负责该项工作。如果领导明确指示你去完成某项工作，那你一定要用最简洁有效的方式明白领导的意图和工作的重点。此时你不妨利用传统的5W2H的方法来快速记录工作要点，即弄清楚该命令的时间（when）、地点（where）、执行者（who）、为了什么目的（why）、需要做什么工作（what）、怎么样去做（how）、需要多少工作量（howmany）。在领导下达完命令之后，立即将自己的记录进行整理，再次简明扼要地向领导复述一遍，看是否还有遗漏或者自己没有领会清楚的地方，并请领导加以确认。如领导要求你完成一项关于ABC公司的团体保险计划，你应该根据自己的记录向领导复述并获取领导的确认。你可以说：“总经理，我对这项工作的认识是这样的，为了增强我们公司在团体寿险市场的竞争力（why），您希望我们团险部门（who）不遗余力（how）于本周五之前（when）在ABC公司总部（where）和他们签订关于员工福利保险的合同（what）。请您确认一下是否还有遗漏。”如果领导对你关于目标的理解点头认可了，那么你们可以进入下一个环节。

2）与领导探讨目标的可行性

领导在下达了命令之后，往往会关注下属对该问题的解决方案，他希望下属能够对该问题有一个大致的思路，以便在宏观上把握工作的进展。所以，作为下属，在接受命令之后，应该积极开动脑筋，对即将负责的工作有一个初步的认识，告诉领导你的初步解决方案，尤其是对于可能在工作中出现的困难要有充分的认识，对于在自己能力范围之外的困难，应提请领导协调别的部门加以解决。比如上例中关于争取ABC公司的员工福利保险合同这个目标，你应该快速地反映行动的步骤和其中的困难。

3）拟定详细的工作计划

在明确工作目标并和领导就该工作的可行性进行讨论之后，你应该尽快拟订一份工作计划，再次交予领导审批。在该工作计划中，你应该详细阐述你的行动方案与步骤，尤其是对你的工作时间进度要给出明确的时间表，以便于领导进行监控。

4）在工作进行之中随时向领导汇报

现在，你已经按照计划开展工作了，那么，你应该留意自己工作的进度是否和计划书一致。无论是提前还是延迟了工期，你都应该及时向你的领导汇报，让领导知道你现在在干什么，取得了什么成效，并及时听取领导的意见和建议。

5)在工作完成后及时总结汇报

经过你和部门同事的共同努力,你们终于完成了这项工作,获得了ABC公司的团险保单。当大家都在兴高采烈地欢庆成功之时,作为部门主管的你仍不应该有松懈的理由。你应该及时将此次工作情况进行总结汇报,总结成功的经验和其中的不足之处,以便于在下一次的工作中改进提高。同时不要忘记在总结报告中提及领导的正确指导和下属的辛勤工作。至此,一项工作的请示与汇报才算基本结束。

千万不要忽视请示与汇报的作用,因为它是你和领导进行沟通的主要渠道。你应该把每一次的请示汇报工作都做得完美无缺,领导对你的信任和赏识也就会慢慢加深了。

2. 请示与汇报的基本态度

1)尊重而不吹捧

作为下属,我们一定要充分尊重领导,在各方面维护领导的权威,支持领导的工作,这也是下属的本分。首先,对领导工作上要支持、尊重和配合;其次,在生活上要关心;再次,在难题面前应解围。有时领导处于矛盾的焦点上,下属要主动出面,勇于接触矛盾,承担责任,排忧解难。

2)请示而不依赖

一般说来,作为部门主管在自己职权范围内大胆负责、创造性工作,是值得倡导的,也是为领导所欢迎的。下属不能事事请示,遇事没有主见,大小事不做主。这样领导也许会觉得你办事不力,顶不了事。该请示汇报的必须请示汇报,但决不要依赖、等待。

3)主动而不越权

对工作要积极主动,敢于直言,善于提出自己的意见。不能唯唯诺诺,四平八稳。在处理同领导的关系上要克服两种错误认识:一是领导说啥是啥,叫怎么着就怎么着,结果好坏没有自己的责任;二是自恃高明,对领导的工作思路不研究、不落实,甚至另搞一套,阳奉阴违。当然,下属的积极主动、大胆负责是有条件的,要有利于维护领导的权威,维护团体内部的团结,在某些工作上不能擅自超越自己的职权。

(二)与各种性格的领导打交道技巧

由于个人的素质和经历不同,不同的领导就会有不同的领导风格。仔细揣摩每一位领导的不同性格,在与他们交往的过程中区别对待,运用不同的沟通技巧,会获得更好的沟通效果。

1. 控制型的领导特征和与其沟通技巧

控制型的领导的性格特征:强硬的态度;充满竞争心态;要求下属立即服从;实际,果决,旨在求胜;对琐事不感兴趣。

与其沟通技巧:对这类型的领导而言,与他们相处,重在简明扼要,干脆利索,不拖泥带水,不拐弯抹角。面对这类领导时,无关紧要的话少说,直截了当,开门见山地谈即可。

此外,他们很重视自己的权威性,不喜欢部下违抗自己的命令。所以应该更加尊重他们的权威,认真对待他们的命令。在称赞他们时,也应该称赞他们的成就,而不是他们的个性或人品。

2. 互动型的领导特征和与其沟通技巧

互动型的领导的性格特征:善于交际,喜欢与他人互动交流;喜欢享受他人对他们的赞美;凡事喜欢参与。

与其沟通技巧:面对这一类型领导,切记要公开赞美,而且赞美的话语一定要出自真心诚意，言之有物；否则虚情假意的赞美会被他们认为是阿谀奉承，从而影响他们对你个人能力的整体看法。

要亲近这一类领导，应该和蔼友善，也不要忘记留意自己的肢体语言，因为他们对一举一动都会十分敏感。另外，他们还喜欢与部下当面沟通，喜欢部下能与自己开诚布公地谈问题，即使对他有意见，也希望能够摆在桌面上交谈，而厌恶在私下里发泄不满情绪。

3. 实事求是型的领导和与其沟通技巧

实事求是型的领导的性格特征：讲究逻辑而不喜欢感情用事；为人处事自有一套标准；喜欢弄清楚事情的来龙去脉；理性思考而缺乏想象力；是方法论的最佳实践者。

与其沟通技巧：与这一类型领导沟通时，可以省掉话家常的时间，直接谈他们感兴趣而且实质性的东西。他们同样喜欢直截了当的方式，对他们提出的问题也最好直接作答。同时，在进行工作汇报时，多就一些关键性的细节加以说明。

（三）说服领导的技巧

对于领导的指示，要认真执行。那么，怎样说服领导，让领导理解自己的主张、同意自己的看法呢？请看以下要点：

1. 选择恰当的提议时机

刚上班时，领导会因事情多而繁忙，到快下班时，领导又会疲倦心烦，显然，这都不是提议的好时机。总之，记住一点，当领导心情不太好时，无论多么好的建议，都难以细心静听。

那么，什么时候会比较好呢？我们通常推荐在上午10点左右，此时领导可能刚刚处理完清晨的业务，有一种如释重负的感觉，同时正在进行本日的工作安排，你适时地以委婉方式提出你的意见，会比较容易引起领导的思考和重视。还有一个较好的时间段是在午休结束后的半个小时里，此时领导经过短暂的休息，可能会有更好的体力和精力，比较容易听取别人的建议。总之，要选择领导时间充分、心情舒畅的时候提出改进方案。

2. 资讯及数据都极具说服力

对改进工作的建议，如果只凭嘴讲，是没有太大说服力的。但如果事先收集整理好有关数据和资料，做成书面材料，借助视觉力量，就会加强说服力。

3. 设想领导质疑，事先准备答案

领导对于你的方案提出疑问，如果你事先毫无准备，吞吞吐吐，前言不搭后语，自相矛盾，当然不能说服领导。因此，应事先设想领导会提什么问题，自己该如何回答。

4. 说话简明扼要，重点突出

在与领导交谈时，一定要简单明了。对于领导最关心的问题要重点突出、言简意赅。如对于设立新厂的方案，领导最关心的还是投资的回收问题。他希望了解投资的数额、投资回收期、项目的盈利点、盈利的持续性等问题。因此你在说服领导时，就要重点突出，简明扼要地回答领导最关心的问题，而不要东拉西扯，分散领导的注意力。

5. 面带微笑，充满自信

我们已经知道，在与人交谈的时候，一个人的语言和肢体语言所传达的信息各占50%。一个人若是对自己的计划和建议充满信心，那么他无论面对的是谁，都会表情自然；反之，如果他对自己的提议缺乏必要的信心，也会在言谈举止上有所流露。试想一下，如果你的下属表情紧张、局促不安地对你说："经理，我们对这个项目有信心。"你会不会相信他？

你肯定会说，我从他的肢体语言上读到了"不自信"这三个字，我不太敢相信他的建议是可信任的。同样道理，在你面对自己的领导时，要学会用你自信的微笑去感染领导、征服领导。

6. 尊敬领导，勿伤领导自尊

最后要注意一点，领导毕竟是领导，因此，无论你的可行性分析和项目计划有多么完美无缺，你也不能强迫领导接受他们。毕竟，领导统管全局，他需要考虑和协调的事情你并不完全明白，你应该在阐述完自己的意见之后礼貌地告辞，给领导一段思考和决策的时间。即使领导不愿采纳你的意见，你也应该感谢领导倾听你的意见和建议，同时让领导感觉到你工作的积极性和主动性即可。

二、与下属的沟通技巧

作为一名部门主管，你除了要为部门的经营策略、业务数量、客户关系等问题殚精竭虑，还需要关注的就是怎样处理好你与你的部下的关系。

能否建立一个关系融洽、积极进取的团队，很大程度上取决于你是否善于与部下进行沟通，取决于你是否善于运用沟通技巧。

(一)下达命令的技巧

命令是主管对部下特定行动的要求或禁止。命令的目的是要让部下依照你的意图完成特定的行为或工作；它也是一种沟通，只是命令带有组织阶层上的职权关系；它隐含着强制性，会让部下有被压抑的感觉。若主管经常都用直接命令的方式要求员工做好这个、完成那个，也许部门看起来非常有效率，但是工作品质一定无法提升。为什么呢？因为直接命令剥夺了部下自我支配的原则，压抑了部下的创造性思考和积极负责的心理，同时也让部下失去了参与决策的机会。

命令虽然有缺点，但要确保部下能朝组织确定的方向与计划执行，命令是绝对必要的，那么你要如何使用你的命令权呢？

命令的目的是要让部下依照你的意图完成指定的行为或工作，因此你下达命令时应该考虑下列两点：

1. 正确传达命令意图

你下达命令时，要正确地传达命令，不要经常变更命令；不要下一些自己都不知道缘由的命令；不要下一些过于抽象的命令，让部下无法掌握命令的目标；不要为了证明自己的权威而下命令。正确地传达命令的意图，是比较容易做到的，你只要注意“5W2H”（具体内容见前文所述）的重点，相信你就能正确地传达你的意图。

2. 如何使部下积极接受命令

如何能提升部下积极接受命令的意愿呢？你可用提升部下意愿的沟通方式替代大部分的命令。对“命令”的含义我们应该打破固有的窠臼，不要陷于“命令→服从”的固有认知。

命令应该是主管让部下正确了解他的意图，并让部下容易接受及愿意去执行。

或许你会说，主管有职位的权力，不管部下是否有意愿，他都必须去执行。的确，部下惧于主管的职权，他必须去执行，但有意愿下的执行与无意愿下的执行，其执行的结果会产生很大的差异。有意愿的部下，会尽全力把命令的工作做好；无意愿的部下，心里只想能应付过去就好。

那么，如何提升部下执行命令的意愿呢？你必须注意下列五个传达命令的沟通技巧：

1）态度和善，用词礼貌

就像在前面谈到的问题一样，在我们身边，作为一名主管，你在与下属沟通的时候可能会忘记使用一些礼貌用语，如“小张，进来一下”，“小李，把文件送去复印一下”。这样的用语会让下属有一种被呼来唤去的感觉，缺少对他们起码的尊重。因此，为了改善与下属的关系，使他们感觉自己更受尊重，你不妨使用一些礼貌的用语，例如：“小张，请你进来一下”、“小李，麻烦你把文件送去复印一下。”要记住，一位受人尊敬的主管，首先应该是一位懂得尊重别人的主管。

2）让部下明白这件工作的重要性

下达命令之后，告诉部下这件工作的重要性，如：“小王，这次项目投标是否能成功，将决定我们公司今年在总公司的业绩排名，对公司来说至关重要。希望你能竭尽全力争取成功。”通过告诉部下这份工作的重要性，以激发部下的成就感。让他觉得“我的领导很信任我，把这样重要的工作交给了我，我一定要努力才不负众望。”

3）给部下更大的自主权

一旦决定让部下负责某一项工作，就应该尽可能地给他更大的自主权，让他可以根据工作的性质和要求，更好地发挥个人的创造力。例如：“这次展示会交由你负责，关于展示主题、地点、时间、预算等请你做出一个详细的策划，下个星期你选一天我们要听取你的计划。”还应该让部下取得必要的信息，例如：“财务部门我已经协调好了，他们会提供一些必要的报表。”

4）共同探讨状况、提出对策

即使命令已经下达，下属也已经明白了他的工作重点所在，我们也已经相应地进行了授权，但也切不可就此不再过问事情的进展，尤其当下属遇到问题和困难，希望我们协助解决时，更不可以说“不是已经交给你去办了吗？”我们应该意识到，他之所以是你的下属，就是因为他的阅历、经验可能还不如你。那么这个时候我们应该与下属一起共同分析问题、探讨状况，尽快提出一个解决方案。例如：“我们都了解了目前的状况是这样的，我们来讨论一下该怎么做？”

5）让部下提出疑问

启发部下提出疑问，可询问部下有什么问题及意见，如：“小王，关于这个投标方案，你还有什么意见和建议吗？”你可采纳部下好的意见，并称赞他。例如：“关于这点，你的意见很好，就照你的意见去做。”

上述这五个传达命令的沟通技巧，能提升部下接受命令、执行命令的意愿，你的意图才能被部下积极地执行，你的部门才会被部下感觉到是一个开放、自由、受尊重的工作环境。

（二）赞扬部下的作用与技巧

1. 赞美的作用

赞美他人，是我们在日常沟通中常常碰到的情况。要建立良好的人际关系，恰当地赞美他人是必不可少的。美国一位著名社会活动家曾推出一条原则：“给人一个好名声，让他们去达到它。”事实上被赞美的人宁愿做出惊人的努力，也不愿让你失望。

赞美能使他人满足自我的需求。心理学家马斯洛认为，荣誉和成就感是人的高层次的需求。

一个人具有某些长处或取得了某些成就，他还需要得到社会的承认。如果你能以诚挚的敬意和真心实意的赞扬满足一个人的自我，那么任何一个人都可能会变得更令人愉快、更通情达理、更乐于协作。因此，作为领导者，你应该努力去发现你能对部下加以赞扬的小事，寻找他们的优点，形成一种赞美的习惯。

赞扬部下是对部下的行为、举止及进行的工作给予正面的评价,赞扬是发自内心的肯定与欣赏。赞扬的目的是传达一种肯定的信息,激励部下。部下有了激励会更有自信,想要做得更好。

2. 赞美的技巧

赞美部下作为一种沟通技巧,也不是随意说几句恭维话就可以奏效的。事实上赞扬部下也有一些技巧及注意点,提醒你留意。

1)赞扬的态度要真诚

赞美部下必须真诚。每个人都珍视真心诚意,它是人际交往沟通中最重要的尺度。英国专门研究社会关系的卡斯利博士曾说过:“大多数人选择朋友都是以对方是否出于真诚而决定的”。如果你在与下属交往时不是真心诚意,那么要与他建立良好的人际关系是不可能的。所以在赞美下属时,你必须确认你赞美的人的确有此优点,并且要有充分的理由去赞美他。

2)赞扬的内容要具体

赞扬要依据具体的事实评价,除了用广泛的用语,如“你很棒!”“你表现得很好!”“你不错!”最好要加上具体事实的评价。例如:“你的调查报告中关于技术服务人员提升服务品质的建议,是一个能针对目前问题解决的好方法,谢谢你提出对公司这么有用的办法。”“你处理这次客户投诉的态度非常好,自始至终婉转、诚恳,并针对问题解决,你的做法正是我们期望员工能做的标准典范。”

3)注意赞美的场合

在众人面前赞扬部下,对被赞扬的员工而言,当然受到的鼓励是最大的,这是一个赞扬部下的好方式;但是你采用这种方式时要特别慎重,因为被赞扬的表现若不是能得到大家客观的认同,其他部下难免会有不满的情绪。因此,公开赞扬最好是能被大家认同及公正评价的事项。例如:业务竞赛的前三名、获得社会大众认同的义举、对公司产生重大的贡献、在公司服务25年的资深员工等,这些值得公开赞扬的行为都是公平公开竞争下产生的,或是已被社会大众或公司全体员工认同的。

4)适当运用间接赞美的技巧

所谓间接赞美就是借第三者的话来赞美对方,这样比直接赞美对方的效果往往要好。比如你见到你下属的业务员,对他说:“前两天我和刘总经理谈起你,他很欣赏你接待客户的方法,你对客户的热心与细致值得大家学习。好好努力,别辜负他对你的期望。”无论事实是否真的如此,反正你的业务员是不会去调查是否属实的,但他对你的感激肯定会超乎你的想象。

间接赞美的另一种方式就是在当事人不在场的时候赞美,这种方式有时比当面赞美所起的作用更大。一般来说,背后的赞美都能传达到本人,这除了能起到赞美的激励作用外,更能让被赞美者感到你对他的赞美是诚挚的,因而更能加强赞美的效果。所以,作为一名项目主管,你不要吝惜对部下的赞美,尤其是在面对你的领导或者他的同事时,恰如其分地夸奖你的部下,他一旦间接地知道了你的赞美,就会对你心存感激,在感情上也会与你更进一步,你们的沟通也就会更加卓有成效。

总之,赞美是人们的一种心理需要,是对他人敬重的一种表现。恰当地赞美别人,会给人以舒适感,同时也会改善与下属的人际关系。所以,在沟通中,我们必须掌握赞美他人的技巧。

(三)批评部下的方法

俗话说:良药苦口利于病,忠言逆耳利于行。有人认为,批评就是“得罪人”的事。所以有些主管从不当面指责部下,因为他们不知道如何处理指责部下后彼此的人际关系,因而造成部下的不当行为，一直无法得到纠正。有些主管指责部下后，不但没有达到改善部下工作的目的，反而使部下产生更多的不平和不满。事实上，之所以会产生这样的后果，恐怕还在于我们在批评他人的时候缺乏技巧的缘故。医药发展至今，许多良药已经包上了糖衣，早已不苦口了；那么我们为什么不能研究一下批评他人的技巧，变成忠言不逆耳呢？“指责部下”是教育部下的一种方法。因此，管理者指责部下时，要讲究一些技巧，下列几点是一些指责部下的技巧与注意点，请你留意。

1. 以真诚的赞美做开头

俗话说：尺有所短，寸有所长。一个人犯了错误，并不等于他一无是处。所以在批评部下时，如果只提他的短处而不提他的长处，他就会感到心理上的不平衡，感到委屈。比如一名员工平时工作颇有成效，偶尔出了一次质量事故，如果批评他的时候只指责他导致的事故，而不肯定他以前的成绩，他就会感到以前“白干了”，从而产生抗拒心理。另外，据心理学研究表明，被批评的人最主要的障碍就是担心批评会伤害自己的面子，损害自己的利益，所以在批评前帮他打消这个顾虑，甚至让他觉得你认为他是“功大于过”，那么他就会主动放弃心理上的抵抗，对你的批评也就更容易接受。

2. 要尊重客观事实

批评他人通常是比较严肃的事情，所以在批评的时候一定要客观具体，应该就事论事。要记住，我们批评他人，并不是批评对方本人，而是批评他的错误的行为，千万不要把对部下错误行为的批评扩大到了对部下本人的批评上。比如说，你作为一名编辑去校对清样，结果发现版面上有一个标题字错了而校对人员却没有发现，这时你应该对他进行批评，你可以说：“这个字你没有校出来。”你也可以说：“你对工作太不负责任了，这么明显的错误都没有校正出来。”很显然，后者是难以被对方接受的，因为你的话语让他很难堪，也许他只是一次无意的过失，你却上升到了责任心的高度去批评他，很可能把他推到你的对立面去，使你们的关系恶化，也很可能导致他在今后的工作中出现更多的纰漏。

3. 指责时不要伤害部下的自尊与自信

不同的人由于经历、知识、性格等自身素质的不同，接受批评的能力和方式也会有很大的区别。在沟通中，我们应该根据不同的人采取不同的批评技巧。但是这些技巧又有一个核心，就是不损对方的面子，不伤对方的自尊。指责是为了让部下更好，若伤害了部下的自尊与自信，部下势难变得更好，因此指责时要运用一些技巧。例如：“我以前也会犯下这种过错……”、“每个人都有低潮的时候，重要的是如何缩短低潮的时间”、“像你这么聪明的人，我实在无法同意你再犯一次同样的错误”、“你以往的表现都优于一般人，希望你不要再犯这样的错误”。

4. 友好的结束批评

正面地批评部下，对方或多或少会感到有一定的压力。如果一次批评弄得不欢而散，对方一定会增加精神负担，产生消极情绪，甚至对抗情绪，这会为以后的沟通带来障碍。所以，每次的批评都应尽量在友好的气氛中结束，这样才能彻底解决问题。在会见结束时，你不应该以“今后不许再犯”这样的话作为警告，而应该对对方表示鼓励，提出充满感情的希望，比如说“我想你会做得更好”或者“我相信你”，并报以微笑。让部下把这次见面的回忆当成是你对他的鼓励而不是一次意外的打击。这样会帮他打消顾虑，增强改正错误、做好工作的信心。

5. 选择适当的场所

不要当着众人面指责，指责时最好选在单独的场合，如你的独立的办公室、安静的会议室、午餐后的休息室，或者楼下的咖啡厅，这些场合都是不错的选择。

每个人都会犯错,你要有宽广的胸襟包容部下的过失,本着爱护部下的心态,同时注意上面的几个要点。当部下需要指责时,不要犹豫,果敢地去做。正确、适时地指责,对部下、对部门都具有正面的效应。

三、会议沟通

在我们的工作过程中,会议可以说是一项最经常的工作。

一项调查表明:大多数商务人士有三分之一的时间是用于开会,有三分之一的时间是用于旅途奔波。有感于繁重不堪的会议邀请,万科的总裁王石曾经说过一句很形象的话,他说:“我如果不是在开会,就是在去往下一个会议的路上。”

虽然大家都很了解会议所带来的资源、人力、物力的巨大耗费,但人们也不得不承认,会议是一种很有效的沟通手段,因为面对面的交流可以传递更多的信息,尤其是很多需要各部门协作的工作,就更是需要会议的纽带来协助运作。

(一)会议的安排

1. 制订议程安排

(1)充分考虑会议的进程,写出条款式的议程安排。

(2)确定会议的召开时间和结束时间并与各部门主管协调。

(3)整理相关议题,并根据其重要程度排出讨论顺序。

(4)把议程安排提前交到与会者手中。

2. 挑选与会者

(1)首要原则是少而精。

(2)信息型会议,你应该通知所有需要了解该信息的人都参加。

(3)决策型会议,你需要邀请能对问题的解决有所贡献,对决策有影响的权威人士,以及能对执行决策作出承诺的人参加。

(4)你需要对某些未在会议邀请之列的关键人士说明原因。

3. 适宜沟通的会议室布置

(1)现场会议室一般比较方便且费用低廉,因此是首选地点。但如果涉及公司的对外公共关系形象或者与会人数很多,则可以考虑租用酒店或展览中心的专用会议室。

(2)与会者的身体舒适需求不能忽略,应注意会议室的空调温度、桌椅舒适度,灯光和通风设备也应与会议的规模和安排的活动相适应。

(3)根据你的沟通需要来选用适当的桌椅排列方式。信息型会议的与会者应面向房间的前方,而决策型会议的与会者应面向彼此。

4. 会议安排核查表(见表5-3)

会议安排核查表　　表5-3

检查项目	具体工作负责人	检查结果
会议沟通目标		
会议议程安排		
参加会议人员安排		
会议实物安排		

(二)会议的主持

1. 成功地开始会议

与其他的很多场合一样,准备工作是避免表现紧张的关键。如果你知道自己将会说些什么来作为开场白,你就会放松下来;更重要的是,你可以给整个会议带来一个富有组织的、卓有成效的开始。会议开场秘诀,如下所述:

1)准时开会

对于每一位职业的商务人士而言,最头疼、最深恶痛绝的事情莫过于对方不准时、不守时。在高速运转的信息社会,时间意味着抢占的商机,时间意味着金钱和财富,时间意味着一切。常言道"浪费别人的时间就等于谋财害命。"这的确是毫不夸张的。对于会议而言就更是如此,因为不准时召开的会议浪费的是所有与会者的时间,这不仅会加剧与会者的焦躁抵触情绪,同时也会令与会者怀疑组织者的工作效率和领导能力。

2)向每个人表示欢迎

用洪亮的声音对每个人表示热烈的欢迎。如果你面对的是一队新的成员,让他们向大家作自我介绍。如果他们彼此已经见过面了,也要确保把客人和新来乍到的成员介绍给大家。

3)制定或者重温会议的基本规则

会议的基本规则是会议中行为的基本准则,你可以使用"不允许跑题"、"倾听每一个人的发言"以及"每人的发言时间不能超过5分钟"这样的规定。如果准则是由与会者共同制定的而不是由主持人强加给与会者的,效果要更好一些。你可以向与会者询问"我们都同意这些规定吗?"要得到每一个人的肯定答复,而不要想当然地把沉默当成是没有异议。

4)分配记录员和计时员的职责

如果可能的话,就让大家志愿来担任这些职责而不要由主持人指定。计时员负责记录时间并保证讨论持续进行,记录员则负责做好会议记录。对于一些例行会议而言,不妨由所有人轮流担当这些职责。

2. 会议主持人的沟通技巧

一个优秀的会议领导者总是经常提出他们简短的意见以指引会议讨论的进程。比如说"让我们试试","这是一个好的思路,让我们继续下去。"事实上,如果我们仔细观察,就会发现优秀的会议主持人最常用的引导方式是提问题,针对目前所讨论的问题引导性地提问,会使与会者的思路迅速集中到一起,提高工作的效率。

我们常用的问题大致可以分为两类:开放式的问题和封闭式的问题。开放式的问题需要我们花费更多的时间和精力来思考回答,而封闭式的问题则只需一两句话就可以回答了。比如说:"小王,你对这个问题怎么看?"这就是开放式的问题;"小王,你同意这种观点吗?"这就是封闭式的问题。作为一名有经验的会议主持人,你应该善于运用各种提问方式。见表5-4所列,展示了几种问题的类型及特点。

几种问题的类型及其特点 表5-4

问题类型	问 题 特 点
棱镜型问题	把别人向你提出的问题反问给所有与会者。例如,与会者:"我们应该怎么做呢?"你可以说:"好吧,大家都来谈谈我们应该怎么做"
环形问题	向全体与会者提出问题,然后每人轮流回答。例如:"让我们听每个人的工作计划,小王,由你开始"

续上表

问题类型	问题特点
广播型问题	向全体与会者提出一个问题,然后等待一个人回答。如:“这份财务报表中有三个错误,谁能够纠正一下?”这是一种具有鼓励性而没有压力的提问方式,因为你没有指定人回答,所以大家不会有压力
定向型问题	向全体提出问题,然后指定一人回答。如:“这份财务报表存在三个错误,谁来纠正一下?小王,你说说看。”这种提问方式可以让被问及的对象有一定的准备时间

3. 圆满地结束会议

无论是什么样类型的会议,在会议结束的时候重新回顾一下目标、取得的成果和已经达成的共识,以及需要执行的行动都是很必要的。

(1)总结主要的决定和行动方案以及会议的其他主要结果。

(2)回顾会议的议程,表明已经完成的事项以及仍然有待完成的事项;说明下次会议的可能议程。

(3)给每一位与会者一点时间说最后一句话。

(4)就下次会议的日期、时间和地点问题达成一致意见。

(5)对会议进行评估,在一种积极的气氛中结束会议。你可以对每一位与会者的表现表示祝贺,表达你的赞赏,然后大声地说“谢谢各位”来结束会议。

(三)灵活地应对会议的困境

会议依赖于与会者的相互作用。开会时出现问题是不可避免的。问题有时因为人而产生,有时因为程序或逻辑而产生。在任何情形下,主持者都有责任令讨论热烈,确保与会者都参与讨论,并保持讨论的正确方向。

1. 某些人试图支配讨论的局面

在会议中,常常会出现“一言堂”的局面。如果我们会议的目的是找出不同观点,那么广泛的参与是会议成功所必不可少的因素。有时有些人可能因为富有经验或职位较高而处于支配地位。当这种情形发生时,其他人通常就会只是坐着听。这时,主持者就应该提一些直接的问题,将与会者调动起来。

如果其他办法都不能奏效,不妨尝试在中间休息时与那个人私下谈一谈,也许会有所帮助。

2. 某些人想争论

这种想争论的人可能自称无所不知,或者掌握的信息完全是错误的,或者是个吹毛求疵的家伙,喜欢插话打断主持者。在任何情形下,主持者都要保持清醒的头脑。通过提问,主持者可以引出这些人愚蠢的或牵强的发言,然后不再理睬他们。通常,这种人会激怒全体,会有人讲出不欢迎他们的话,然后一片沉默。这时,主持者可再问其他与会者一些直接的问题,从而维持会场讨论气氛的平衡。

通常情况,这个喜欢辩论的人会意识到目前会场气氛对己不利,然后不再提出问题。但如果这个人不敏感的话,主持者就必须直截了当地向他指出,他这种吹毛求疵的做法扰乱了会议的进程,浪费了宝贵的时间。然后主持者立即向另一个人提问,以便让讨论继续下去。

3. 某些人和身边的人开小会

当与会者人数很多时,经常会发生这种“开小会”的情形。“开小会”往往是因为某个人想讲话，但又没有机会，或者某个谨慎的与会者在向大会提出某种想法前，想先试探别人的看法。通常，会议中有人开小差是不可避免的。不过这种"开小会"现象一般比较简短。只有当"开小会"时间持续长了才会成为一个问题。

一个办法是请这个人告诉大家他刚才所讲的内容；另一个办法就是沉默，然后看着那个破坏会场秩序的人。通常，这样就会恢复会议秩序。

4. 习惯性的跑题者

我们可以运用 FAST 法来解决这个问题。这一谈话技巧可以训练一个习惯性跑题者采取一些更富有建设性的行动：

F－面对造成问题的人；

A－感谢或肯定这个人以及他/她的良好意图；

S－建议一种新的行为方式；

T－多做几次尝试，可以逐步改变或者提高你的要求。

例如，假设小王总是在开会的时候讲很多的笑话。他是个很风趣的人，但是他总是会让会议跑题。为了管住他：

F－注视他，说："小王，我有个建议……"

A－"首先，你的笑话都棒极了……"

S－"但是我仍然不清楚你那聪明的脑袋对这个问题真正是怎么看的？说真的，你是否能够告诉我们你的建议？"

T－如果他还是没有改变，或者你可以更加严厉一些："别这样了。我们已经乐过了，但是现在的要点究竟是什么呢？"

如果这些公开的干预仍然不能够见效，你可以问小王是否可以在休息的时候与他单独谈一谈。私下里告诉他：你看到了他做的那些事情，你如何评价他的这些做法？你的感受和你希望他做些什么？这样的谈话可以比公开场合中的语气更为坚定和严厉。

四、服务顾问涉及团队问题的解决方法

1. 领导越级指挥或跨部门指挥

(1)首先意识到他不是恶意的。

(2)体谅领导的难处或急处。

(3)尽全力去做，因为无法避免。

(4)不向任何人抱怨。

2. 领导或同事忽略或误会了你的努力

(1)人之常情。

(2)清楚地知道工作是为了什么。

(3)懂得付出是一种境界。

(4)不强调，不抱怨。

3. 领导不喜欢你怎么办

(1)为了维系团队的整体性，要低头。

(2)摒弃所谓的个人原则，以大局为重。

(3)责任自己担，功劳归领导。

(4)少发牢骚多办事。

4. 同事喜欢挑活

(1)挑活说明能力或思想上有不足,要体谅。

(2)多做"烂"事是成长最好的途径。

(3)对待同事一如既往地亲切热情。

(4)如果有能力,帮助他们进步。

5. 销售顾问颐指气使

(1)体谅他们工作的难处。

(2)包容他们对售后工作的不了解。

(3)让他们有机会更多地了解售后服务。

(4)对事不对人,把本分的事做周到。

6. 同事遇到棘手的事情

(1)不袖手旁观。

(2)以自己处理的心态想解决方案。

(3)商讨解决方案。

(4)一致对外。

7. 车间不配合工作

(1)体谅车间的辛苦。

(2)找到真正的原因。

(3)把努力做在平时,充分利用个人影响力。

(4)不迁怒,一切为了客户。

8. 修理工没积极性

(1)侧重于与维修小组的情感沟通。

(2)关注维修小组的工作状态,合理派工:

①注意培养小组的专长。

②有目的性和有侧重点地进行派工。

③派工后关注进度,出现问题及时协调,必要时请求上级支持。

④合理分配难易与消耗时间长短的工作。

(3)对维修进度及时跟进。

案例分析

【案例一】

A主管:"关于在通州地区设立灌装分厂的方案,我们已经详细论证了它的可行性,大概3~5年就可以收回成本,然后就可以盈利了。请董事长一定要考虑我们的方案。"

B主管:"关于在通州地区设立灌装分场的方案,我们已经会同财务、销售、后勤部门详细论证了它的可行性。根据财务评价报告显示,该方案在投资后的第28个月财务净现金流由负值转为正值,这预示着该项投资将从第三年开始盈利,经测算,该方案的投资回收期是4~6年。从社会经济评价报告上显示,该方案还可以拉动与我们相关的下游产业的发展。这有可能为我们将来的企业前向、后向一体化方案提供有益的借鉴。与该方案有关的可行性分析报告附后,请董事长审阅。"

分析:上述两位主管的报告,显然B主管更具说服力,所以,领导感到比较满意。

记住:只有摆出新方法的利与弊,用各种数据、事实逐项证明,才能让领导不认为你有头脑发热、主观臆断的嫌疑。

【案例二】

马林是联合化学公司流程设计中心的主任,手下有8名工程师,均系男性。多年来,小组成员之间关系良好。随着工作任务的增加,马林招聘了一名刚刚获得某名牌大学工学硕士学位的姜丽加入一个旨在提高设备运行效率的项目小组。该项目小组原先只有三人,由巩森任组长。

作为一名新成员,姜丽非常喜欢这项具有挑战性的工作,因为工作中能够用到不少专长。她工作十分认真,对其他项目小组的成员也非常友好,但在业余时间,她从不和同事闲聊。由于工作主动,姜丽总是率先完成自己分担的那份任务,而且还经常帮助其他同事。

五个月后,巩森找到马林讨论项目小组的问题。巩森汇报说:"姜丽骄傲自大,好像什么都懂。对人不友好,大家都不愿意和她一起工作。"

马林回答说:"据我所知,姜丽是个优秀的工程师,成绩很突出。大家对她的印象这么不好,这怎么可能呢?这几天我找她谈谈。"

一周后,马林找姜丽谈话,说:"姜丽,自从你来到流程设计中心,工作很勤奋,能力很出众,我非常赞赏。但是,听说你和同事的关系处理得不好,怎么回事?"

姜丽大吃一惊,回答说:"没有啊!"

马林提醒道:"具体一点,就是有些同事说你骄傲自满,好像无所不能,而且常常对他人的工作指手画脚。"

姜丽反驳道:"我从来没有公开批评过其他同事。而且,每当我完成自己的任务后,还常常帮助他们。"

马林问:"为什么别人对你的意见那么大呢?"

姜丽感到愤愤不平,说:"那几位同事根本没有尽全力工作,他们更热衷于足球、音乐、酒吧。还有,他们从未把我当作一名称职的工程师,仅仅把我看作是一名闯入他们专业领域的女性。"

马林说:"工程师的考评与激励属于管理工作,你的职责是做好本职工作。关于性别,公司招聘你只是由于你的能力、知识符合条件。好好干,把管理问题留给我。"

如果你是马林,你会如何处理项目小组出现的问题?

分析:作为一名新组员,姜丽一开始就接手这样一份具有挑战性又能发挥自己所长的工作,自然会表现出高度的积极性。首先,由于她全身心投入工作,自然会对与其他组员建设良好的关系有所忽略,这样,其他组员就会慢慢地疏远她。

其次,她在平时业余的时间中又没有跟其他组员交流,工作之后也没有加入其他组员的活动行列,这种独立的行事方式在别的组员的眼中很容易形成一种"高傲"的印象。

再次,姜丽在完成自己的任务之余,又乐意帮助别人,并促使别人更快地完成任务,但由于之前所指出的两点原因,容易使其他组员形成一种错觉——姜丽在炫耀自己的本事,并对别人的工作"指指点点",分明想抢别人的饭碗。

另外,马林招聘了姜丽,并将她安排到项目小组,但没有进行任何新组员加入的预热,使得姜丽无法更自然地融入小组的氛围。

再有,巩森作为小组的组长,没有及时发现并解决问题,而是让事情拖了5个月之久才向马林报告,明显没有尽到管理者的责任。

对策:误会是由于没有充分的沟通和了解引起的,当务之急,马林应该单独跟小组的组员谈话,了解各个组员心中的误会程度究竟有多深,并设法纠正这些失实的印象,润滑姜丽与其他组员之间的摩擦。

当然,即使误会得以化解,小组还可能残余一些小问题,那就是姜丽那种独立的行事方式使其未必能够很好地融入其他组员的氛围。

解决这个问题的关键是巩森能够合理地分配各个成员的工作角色与任务,并促进组员在工作上必要的沟通,使他们在工作上达成一个共识。虽然工作之余的团体活动有益于提高团队的凝聚力,但勉强行事只会得到相反的效果。

测试

【自检一】

例题:“张小姐,请你将这份调查报告复印 2 份,于下班前送到总经理室交给总经理;请留意复印的质量,总经理要带给客户参考。”

作业:请一位学员根据所说的 5W2H 方法将该案例进行划分,体会该方法所传递的重点。

Who(执行者):______________________________

What(做什么):______________________________

How(怎么做):______________________________

When(时间):______________________________

Where(地点):______________________________

How many(工作量):__________________________

Why(为什么):______________________________

【自检二】

如表 5-5 所示,请你根据左栏的问题,从右栏挑出相应的对策,将问题和相应的对策用直线连接起来。通过该练习,学习如何更好地控制会议。

针对相应问题,采取何种对策 表 5-5

问　　题	对　　策
①你想令讨论热烈	A. 请每个与会者总结其他人的发言
②你想打断某项讨论	B. 问小组一个开放式的问题
③几个与会者在“开小会”	C. 询问小组的反馈意见
④两名与会者就一个观点发生争执	D. 问小组一个具体的问题
⑤与会者问了你一个难以回答的问题	E. 把问题转回给小组
⑥你想调查对一个观点的支持程度	F. 问与会者一个具体的问题
⑦你想知道自己是否是个成功的会议主持人	G. 请某个与会者总结讨论

参考文献

[1] 惠亚爱.沟通技巧[M].北京:人民邮电出版社,2008.
[2] 张岩松,孟顺英,樊桂林.人际沟通与语言艺术[M].北京:清华大学出版社,2010.
[3] 张大生.现代礼仪全书[M].安徽:时代出版传媒股份有限公司,2012.
[4] 金正昆.金正昆说礼仪[M].太原:山西师范大学出版社,2007.
[5] 李嫦英,刘立莉,乔志杰.浅论商务谈判的倾听技巧[C].河北北方学院学报,2007.
[6] 惠亚爱.沟通技巧[M].北京:人民邮电出版社,2008.
[7] 贾赛桃.论商务英语谈判中的“倾听”技巧[C].教育科研,2009.04.
[8] 韦峰,罗双.客户沟通技巧与投诉处理[M].北京:人民交通出版社,2012.
[9] 孙凯民.变诉为金[M].北京:机械工业出版社,2012.
[10] 崔亮.客户异议与投诉处理[M].北京:高等教育出版社,2012.